Destinos do turismo

◥ Confira as publicações da Coleção FGV de Bolso no fim deste volume.

FGV de Bolso 23
Série Turismo

Destinos do turismo:
percursos para a sustentabilidade

Helena Araújo Costa

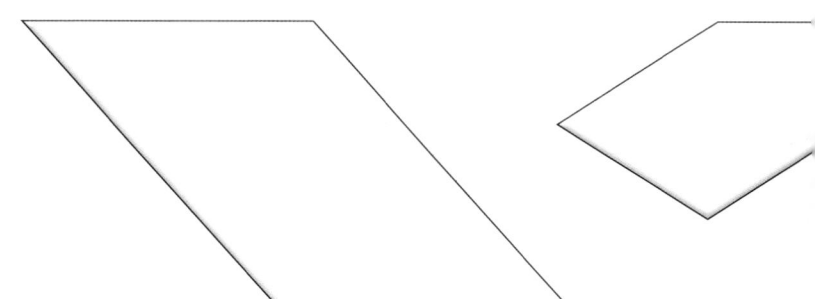

Copyright © 2013 Helena Araújo Costa

1ª edição — 2013

Impresso no Brasil | *Printed in Brazil*

Todos os direitos reservados à EDITORA FGV. A reprodução não autorizada desta publicação, no todo ou em parte, constitui violação do copyright (Lei nº 9.610/98).

Os conceitos emitidos neste livro são de inteira responsabilidade do autor.

COORDENADORES DA COLEÇÃO: Marieta de Moraes Ferreira e Renato Franco
PREPARAÇÃO DE ORIGINAIS: Sandra Frank
REVISÃO: Fatima Caroni
DIAGRAMAÇÃO, PROJETO GRÁFICO E CAPA: dudesign

**Ficha catalográfica elaborada
pela Biblioteca Mario Henrique Simonsen/FGV**

Costa, Helena Araújo
    Destinos do turismo: percursos para a sustentabilidade / Helena Araújo Costa. – Rio de Janeiro : Editora FGV, 2013.
    166 p. (Coleção FGV de bolso. Série Turismo)

    Inclui bibliografia.
    ISBN: 978-85-225-1278-2

    1. Turismo sustentável. 2. Desenvolvimento sustentável. I. Fundação Getulio Vargas. II. Título.

CDD – 338.4791

Editora FGV
Rua Jornalista Orlando Dantas, 37
22231-010 | Rio de Janeiro, RJ | Brasil
Tels.: 0800-021-7777 | 21-3799-4427
Fax: 21-3799-4430
editora@fgv.br | pedidoseditora@fgv.br
www.fgv.br/editora

*Ao Bruno, meu companheiro
para qualquer lugar, por qualquer caminho.*

Sumário

Agradecimentos	9
Iniciando o percurso	11
Parte I	
Sobrevoo: conceitos e concepções gerais	19
Pluralidade e visão sistêmica da atividade turística	19
O que é sustentabilidade: breve histórico da interface entre meio ambiente e desenvolvimento	29
Turismo sustentável: o turismo no caminho da sustentabilidade	39
Segmentos alternativos do turismo: reflexão sobre a sustentabilidade e a responsabilidade	58
Ciclo de vida dos destinos turísticos: uma visão dinâmica da sustentabilidade	70
Parte II	
Mergulho: assuntos específicos	81
Governança em destinos turísticos: relações entre atores sociais e sustentabilidade	81
Gerir a sustentabilidade de destinos turísticos: critérios e indicadores	92

A sustentabilidade no universo empresarial do turismo: iniciativas voluntárias, certificações e prêmios — 104

O lugar das micro e pequenas empresas do turismo na sustentabilidade de destinos turísticos — 120

Turismo em áreas protegidas e seus entornos: conectando conservação da biodiversidade e inclusão social — 131

A travessia e as direções futuras — **145**

Referências — **149**

Agradecimentos

Agradeço a todos que estiveram ao meu lado neste percurso, explorando novas fronteiras. Agradecimentos especiais a:

Meus pais e irmãos, pelo apoio incondicional em todas as horas;

Bianca Freire-Medeiros, por servir de inspiração para a minha carreira acadêmica e pela oportunidade para fazer o livro;

Renato Franco, da Editora FGV, pelo profissionalismo e compreensão durante este desafio;

Dr. Elimar Pinheiro do Nascimento, meu querido professor, companheiro da reflexão sobre a complexidade da interface turismo e sustentabilidade, um agradecimento especial por sua incansável revisão dos originais;

Meu querido grupo de pesquisa, Laboratório de Estudos de Turismo e Sustentabilidade (Lets/CDS) e seus membros, por ser um espaço de crescimento, reflexão e construção de oportunidades acadêmicas. Agradeço principalmente a Natália Hallack, Maurício Figueiredo, João Paulo Faria Tasso, Gilson Borda, Daniela Rocco, Daniela Fantoni, Camila Rodrigues e Luiz Spiller, pela criteriosa revisão do texto e pelas palavras de incentivo;

Angela Teberga, pelo indispensável suporte na realização do livro e pela cuidadosa revisão;

Professores e colegas do International Centre for Responsible Tourism (ICRT/Leeds Met University), pelas experiências trocadas durante a nossa convivência, que tiveram grande influência sobre o conteúdo deste livro;

Alunos e professores pioneiros da graduação em turismo da UnB, companheiros nesta aventura.

Centro de Desenvolvimento Sustentável da Universidade de Brasília, pela acolhida para a realização do doutorado e realização de projetos e pesquisas;

Universidade de Brasília (UnB), especialmente ao Departamento de Administração, onde pratico, diariamente, o diálogo do turismo com tantos outros temas.

Iniciando o percurso

A interface entre turismo e sustentabilidade apresentou-se para mim há alguns anos, quando viajava de mochila nas costas pela Tailândia. Até hoje, esta inquietação me acompanha, seja no papel de turista, na atuação em projetos, na sala de aula, em pesquisas e discussões empreendidas no Laboratório de Estudos de Turismo e Sustentabilidade (Lets/CDS/UnB).

No oriente, há quase uma década, verifiquei a comercialização de um tipo de turismo diferente do que eu conhecia: grupos pequenos compostos por turistas internacionais, hospedagem familiar, uso de transporte local (com destaque para as bicicletas), trabalho voluntário como parte das atividades do grupo, guias locais, roteiros alternativos, passeios por cooperativas agrícolas e vilas orgulhosamente "não turísticas", operadoras internacionais certificadas. Essa vivência influenciou enormemente meu modo de ver o turismo – como encontro, atividade econômica e alternativa viável para um país. Sobretudo como um setor que necessita de políticas consistentes e atuação coordenada, empreendedora e responsável, tanto em escala coletiva quanto individual, nas esferas pública e privada.

No tempo referido, meu olhar, balizado pela administração de negócios, se concentrava em mercados, demanda, especialização, qualidade do serviço, cadeia produtiva, estratégia de destinos, nichos e produtos. Porém, o que eu vivia me mostrava que se alguns traços sociais e naturais não fossem preservados, se a renda não fosse dividida, se as pessoas das pequenas vilas pelas quais passei não participassem ativamente dos encontros com os turistas e, ao mesmo tempo, mantivessem seu ritmo de vida, se as famílias não estivessem engajadas em bem-receber, se os empresários não obtivessem retorno aquele equilíbrio dinâmico não seria possível.

Naquele tempo, a conceituação de sustentabilidade ainda não estava na moda como agora, não constava em tantas propagandas de empresas, em inúmeros planos de governo, em diversas políticas de turismo. Não era tema de relatórios empresariais, nem mote de campanha partidária com tamanha penetração na sociedade. É notório que o debate da sustentabilidade tem ocupado lugar de destaque não apenas no turismo, mas em diversas esferas da vida contemporânea. O crescimento do tema foi acompanhado pelo meu encantamento por ele, que culminou em um doutorado sobre o mosaico de relações sociais de cooperação e conflitos existentes em destinos turísticos, com enfoque especial sobre as pequenas empresas do setor.

Atualmente, o desenvolvimento sustentável (DS) é visto como uma bandeira compartilhada, o desafio do século, como a utopia que nos restou. Porém, apesar disso, não é um conceito com uma interpretação universalmente compartilhada.

Ainda assim, predomina na literatura do turismo a abordagem do conceito de DS como se fosse mais sólido do que é, mais homogêneo do que seus próprios pensadores reconhecem. Isso evidencia que os estudos do turismo ainda tendem a ver as questões de sustentabilidade como um conceito "externo", que pertence a outras áreas, e nós apenas o pegamos emprestado por um momento. É principalmente neste aspecto que este livro será uma contribuição diferente: fazendo o turismo dialogar fortemente com questões críticas do âmbito da sustentabilidade.

A sustentabilidade é, na realidade, uma busca de que muito se fala (e se escreve), mas sobre a qual se tem, ainda, insuficiente informação. Estamos longe de entendê-la plenamente. Sabe-se que a sustentabilidade é transversal e tem de combinar pelo menos três dimensões (econômica, social e ambiental), mas também se sabe que não é possível organizar um indicador-síntese com dimensões tão distintas. Sabe-se que ela está relacionada à temporalidade, mas não se tem um instrumento para definir quais serão as necessidades e demandas das gerações futuras.

Na concepção de sustentabilidade aqui adotada, devo assumir, existe uma parcela de "desejabilidade". Se fecharmos os olhos, teremos uma imagem que representa aquilo que desejamos, em contraponto àquilo que observamos entalhado no mundo. O livro que aqui se apresenta trata desta transição do turismo que conhecemos para o turismo que desejamos, problematizando os percursos da sustentabilidade para os destinos turísticos e os elementos de análise presentes nessa reflexão.

Inserir o componente que pertence ao campo do desejo na reflexão sobre a sustentabilidade não é uma ideia original, mas sim de autoria de Murray Gell-Mann, ganhador do prêmio Nobel de Física em 1969, com seus estudos de sistemas complexos. Ele ilumina a discussão – e nos alivia da tensão de inserirmos na pauta acadêmica algo tão subjetivo quanto o desejo – ao esclarecer que não desejamos a perpetuação de condições adversas, da violência, da tirania, dos abusos relativos ao ser humano e seu hábitat. Coletivamente, desejamos uma conjuntura mais harmônica e respeitosa na relação entre sociedade e natureza.

Tal expectativa, quando transplantada para o turismo, faz emergir o conceito central do livro. Ele consiste em compreender turismo sustentável como aquele que favorece um desenvolvimento na trajetória da sustentabilidade, na medida em que proporciona equilíbrio entre preservação de recursos naturais e promoção de crescimento econômico com inclusão social. De modo mais detalhado, o turismo desejável é aquele que potencializa o cuidado com áreas naturais e urbanas por meio de manejo de impactos, que promove a inserção social via trabalho e emprego, que transborda benefícios para as pessoas envolvidas com a atividade, entre os quais a geração de renda de modo desconcentrado para seus destinos e entornos. Também encoraja a valorização de culturas, é conduzido dentro de uma gestão participativa com preocupações de longo prazo e assegura a contínua atração de turistas em quantidades equilibradas. Não obstante, viabiliza negócios rentáveis, bem como experiências turísticas de alta qualidade, coerentes com o destino e com as expectativas acerca dele. Certamente, não é pouco.

Como contraponto, qual o turismo que chamamos de indesejável? Uma atividade que cria enclaves, segrega os turistas dos moradores, marginaliza culturas; em que os ganhos são concentrados para poucos e extraídos em curto prazo, que repassa danos e imprudências ambientais a terceiros, que consome inadequada ou excessivamente os recursos comuns, entre eles os ativos ambientais e culturais. Esse turismo mantém ou agrava condições de pobreza e fragilidades ambientais, ocasionando queda de competitividade para os destinos e comprometendo as condições para o equilíbrio dinâmico requerido pelo tripé da sustentabilidade.

Todavia, a idealizada expectativa de que todos os impactos caminhem na mesma direção geralmente não ocorre na indisciplinada realidade. Impactos positivos e negativos convivem e se apresentam em uma cadeia complexa de causas e consequências, nublando as previsões acerca dos desdobramentos futuros da atividade turística, de seus resultados sobre o meio em que está inserido e sobre os demais setores envolvidos.

Essa combinação de ações e retroações dificulta uma categorização dicotômica segura ("este destino turístico é sustentável, aquele não é"), pois a sustentabilidade não é um fato, um evento ou um atributo, mas um processo em permanente construção, incompleto e sujeito a aperfeiçoamentos. Não se pode dizer que um destino é sustentável, mas que caminha no sentido da sustentabilidade. Esse caminho, via de regra, não se dá em linha reta ou é sereno. Existem conflitos entre comercialização e preservação, entre a sobrevivência de um negócio em curto prazo e a necessidade de preservar ativos naturais que garantam a perpetuação do interesse turístico. Há dilemas entre estimular o turismo ao custo de transformá-lo em "monocultura" e acabar com os atrativos genuínos e, no outro extremo, proteger excessivamente uma cultura e condená-la à estagnação artificial para o usufruto turístico.

Conhecemos casos no Brasil, como o de Jericoacoara (CE), que se repetem em tantos outros locais, em que o turismo gera renda, atração de obras de saneamento, valorização do patrimônio natural, dinamização das economias locais, estímulos à organização social e produtiva do turismo e de bens complementares. Por outro lado, estimula a ocupação desordenada da orla, o excesso de resíduos sem tratamento, a intensidade do tráfego de veículos sobre as dunas e destruição da sua vegetação, a exclusão de povoados do entorno, a especulação imobiliária, o aumento do custo de vida, o agravamento de disputas fundiárias e o excesso de foco no turismo como atividade produtiva, com abandono de atividades tradicionais. Lá fica clara a coexistência entre os benefícios e os custos do turismo que tem sido praticado. (Fonteles, 2004; Costa, 2009).

Conhecemos também casos opostos, como Tutoia (no Maranhão) ou Barroquinha (no Ceará), entre inúmeros outros destinos e/ou atrativos onde as pessoas do local se frustram porque não conseguem se inserir no mercado turístico da forma como desejavam. Algumas são as razões prováveis: baixa atratividade, pouco acesso aos seus potenciais mercados, problemas de infraestrutura básica ou de organização interna para promover seus diferenciais. Nesses lugares é complicado aferir a sustentabilidade do turismo, mesmo porque é difícil verificar a presença expressiva dessa atividade. E entre estes dois extremos, existem zonas cinzentas, com presença mais ou menos acentuada do turismo combinada com aspectos que favoreçam ou repelem seu desenvolvimento dentro de um padrão sustentável.

Dentro desse contexto, o objetivo do livro é discutir a interface entre turismo e sustentabilidade, oferecendo uma visão mais crítica e sólida para os iniciantes no assunto, com uma marcante perspectiva interdisciplinar. Para isso, os temas foram organizados em duas partes, divididas em cinco seções. A primeira é um convite a um sobrevoo para visualizar os conceitos mais gerais. A segunda, um chamado para um mergulho em assuntos específicos, inter-relacionados com as esferas social (e política), econômica e ambiental, entre os quais governança, indicadores, pequenas empresas, responsabilidade corporativa, áreas protegidas e inclusão social. Muito cuidado foi necessário para evitar a sobreposição dos assuntos, tendo em vista a grande complementaridade entre eles. Será parte do sucesso deste livro se o leitor conseguir perceber os enlaces conceituais construídos.

As seções são enxutas e, ao longo do texto, serão fornecidos casos reais para que as noções abstratas tornem-se mais claras para os leitores. Foram mantidas as referências aos autores, complementadas por notas. Estarão disponíveis no blog da autora[1] os quadros "Para saber mais". Eles fazem referência a cada capítulo e trazem sugestões e leitura avançadas.

O livro que chega até você é uma aventura escrita por uma viajante-professora-mosaicista-pesquisadora do turismo. Certamente, esta jornada é mais desafiadora do que embarcar para um mês na China com somente oito quilos de pertences em uma mochila, que pernoitar nos 27 graus negativos do Salar de Uyuni na Bolívia, que cruzar o rio Yantze em um barco infestado de ratos ou que barganhar com vendedores de rua em Marrakech. Este é um caminho cheio de expectativas, desejos, aprendizados e crenças, em busca do diálogo entre perspectivas que contribuam para o desenvolvimento do turismo dentro de um padrão que favorece a sustentabilidade.

Espero que a travessia seja agradável.

---

[1] <http://helenacostaunb.blogspot.com.br/>.

Parte 1

Sobrevoo: conceitos e concepções gerais

Pluralidade e visão sistêmica da atividade turística

A pluralidade do turismo e a necessidade de uma visão sistêmica são aspectos cruciais para subsidiar a reflexão acerca da sustentabilidade da atividade turística. Olhar para os turismos (no plural) é uma premissa inspirada por Cecchini (2010) e aqui adotada. Apenas por simplicidade da linguagem, falaremos do turismo no singular ao longo do livro, porém sempre com a conotação de diversidade.

Essa pluralidade está tanto impressa nas áreas de conhecimento quanto nas interfaces entre elas que se fazem presentes no turismo. Fica nítido que a atividade turística não é representada apenas por um único sistema, nem se ancora em uma única cadeia produtiva. Suas configurações se alteram de acordo com o tipo de turismo, segmento, local onde ocorre etc. Portanto, dentro do mesmo destino existem muitos turismos, traduzidos em seus sistemas e cadeias produtivas, exatamente no plural.

Mais uma vez, a pluralidade se manifesta nas múltiplas formas do turismo. Desde produtos turísticos concebidos dentro de uma lógica fordista de produção, ou seja, pouco flexível, sem personalização e em larga escala a fim de obter ganhos marginais, até serviços e produtos altamente exclusivos e especializados, quase artesanais. A oferta do turismo vai desde *resorts* internacionais de cadeias de altíssimo luxo em Dubai a hospedagens familiares no entorno de parques nacionais, como em Santo Amaro (MA), e pernoites oferecidos gratuitamente no CouchSurfing. De tradicionais destinos de sol e praia a novos lugares procurados e geridos por redes sociais, como o Tribe Wanted.[2] Do turismo de pacotes em grande escala ao mochileiro, que viaja, independentemente, com seu guia impresso ou com seu *smartphone*, que apresenta orientações em realidade aumentada. Desde a família que volta há anos ao mesmo balneário e já conhece todos os vizinhos, até o anônimo que circula pelas ruas de Fortaleza, Bangcoc, Budapeste ou Havana. Ou seja, dizer que existe apenas um modelo de produção, gestão ou consumo do turismo é simplificar a interpretação à revelia da intricada realidade.

Isso evidencia a complexidade inerente a esta atividade, ressalta a transversalidade dos assuntos que o tangenciam. Turismo é fenômeno social e é atividade econômica; é setor e indústria, no sentido da cadeia de produtores ligados a ele (para espanto de alguns que se arrepiam ao ligar esta ideia às chaminés industriais). Perfilam-se estas concepções a fim de mostrar que não é um ou outro, mas que depende do ponto de vista da análise feita sobre ele.

A melhor análise, para fins de discussão de desenvolvimento e planejamento de destinos turísticos, é aquela que consegue

---

[2] Ver <www.tribewanted.com/>. Acesso em: 19 dez. 2011.

abarcar perspectivas complementares. E, quando o tema central é a sustentabilidade, a visão sistêmica torna-se imprescindível.[3]

As primeiras aplicações da abordagem sistêmica para compreensão de fenômenos sociais retratam um conceito de sistema bastante simples e objetivo advindo dos estudos de Bertalanffy na biologia, ainda na década de 1930. O entendimento era de sistemas como conjuntos de elementos e seus relacionamentos, restritos à entrada, ao processamento, à saída e à retroalimentação.

Porém a teoria de sistemas não ficou estática no tempo e apresentou evoluções. Apesar de útil, a concepção original tinha dificuldades de incorporar a noção de ambientes, própria de um sistema aberto e extremamente importante para a compreensão da gestão das organizações e dos setores. Esta era a limitação de se tratar os sistemas de maneira isolada, sem levar em consideração os ambientes circundantes, os demais atores sociais direta ou indiretamente afetados pelas organizações e sem perceber as relações de maneira dinâmica ou auto-organizativa. Em resumo, as principais evoluções da teoria de sistemas que culminaram na concepção de sistemas complexos foram:[4]

- sistemas fechados para sistemas abertos;
- relações unilineares para multidimensionais;
- noção de simplificação para a de complexificação, levando em conta as noções de risco e de incerteza inerentes aos sistemas.

A partir dessas evoluções, um sistema pode ter sua conceituação incrementada quando considerado um conjunto de

---

[3] Agradeço a Alice Plakoudi Souto-Maior por suas contribuições na reflexão sobre sistemas e cadeias produtivas do turismo.
[4] Ver Maturana-Romesín e Varela-García (1997); Capra (2002); Morin (2005).

elementos que interagem e se relacionam entre si e com seus ambientes, o que é uma conceituação bastante aplicável aos sistemas de turismo.

Entre as possibilidades de utilização dessa abordagem para o turismo pode-se dizer que é uma ferramenta analítica útil para compreender fenômenos complexos, uma das características aparentes nos sistemas de turismo (Baggio, 2008). Afinal, destinos turísticos comportam-se como sistemas complexos dinâmicos e evolutivos, acompanhando os inúmeros vetores e as múltiplas atividades que atuam, de modo interdependente, sobre eles. Ademais, a abordagem de sistema é versátil, leva em consideração a finalidade de análise, trata do fenômeno dentro de um contexto mais amplo e permite analisar os relacionamentos entre partes constituintes como propriedade essencial, evitando a visão segmentada e isoladora. Portanto, a partir das contribuições da teoria dos sistemas complexos, os sistemas de turismo parecem ser mais bem-interpretados, já que ela possibilita compreendê-los de diferentes maneiras, com inter-relações, sem linearidade e com capacidade de auto-organização frente aos seus inúmeros ambientes.

A fim de pensar o turismo de modo sistêmico, quer seja para analisar uma organização do setor ou um destino como um todo, é preciso tomar em consideração os três principais focos de análise da visão sistêmica:

- *elementos* – os elos que compõem sua cadeia produtiva e os atores sociais ligados ao turismo no destino e fora dele, que impactam direta e indiretamente o modo como está organizado;
- *relacionamentos* – as conexões entre estes elos e *stakeholders*, para que se possa identificar oportunidades de cooperação entre empresas dentro da cadeia produtiva do

turismo, apontar ganhos potenciais das parcerias para os atores e para o destino como um todo, e compreender possíveis dificuldades/entraves para o estabelecimento das parcerias;
- *ambientes* – compostos por vetores que atuam sobre os elementos e suas relações. Eles variam em ambientes mais próximos ou mais distantes e são compostos por dimensões políticas, legais, sociais, culturais, ambientais, macroeconômicas, tecnológicas etc.

Existem inúmeras modelagens do turismo que permitem lançar esta visão integradora. As alternativas variam em seu escopo, já que cada modelagem tem seu próprio objetivo de análise. Todas as abordagens contam com vantagens e desvantagens, dificuldades, limites relacionados a seu uso ou escala de abrangência, pois privilegiam alguns elementos em detrimento de outros.

No intuito de possibilitar uma análise sistêmica dos destinos turísticos, o modelo de Leiper (1979) tem-se mostrado muito útil e se destaca por seu alcance analítico. O autor modela o turismo a partir do fluxo geográfico de turistas, considerando elementos centrais: turistas, origens, rotas, destinos e ambientes. Apesar de simples, é altamente elucidativo para compreender a dinâmica do turismo, atividade à qual as noções de lugar e de movimento são inerentes.

O primeiro elemento considerado é o turista em si. É a partir da tomada de decisão do potencial turista e do início efetivo de sua jornada que o sistema turístico passa a existir e começa a funcionar. Desde então é possível observar o desencadeamento de uma série de relacionamentos entre os outros elementos desse sistema.

O segundo é a origem ou a região onde toda a viagem turística se inicia e termina. Trata-se, portanto, de um elemento geográfico. Da mesma forma, outros dois elementos característicos do sistema turístico aparecem: as rotas turísticas, caminhos usados para se chegar ao quarto elemento do sistema, o destino turístico. É no destino em que se encontra o conjunto de atrativos turísticos que são capazes de atrair os interesses e fluxos de pessoas. No destino também está situado o quinto elemento, a cadeia produtiva do turismo. O modelo abordado é ilustrado na figura 1.

Figura 1 – Modelo de um sistema turístico

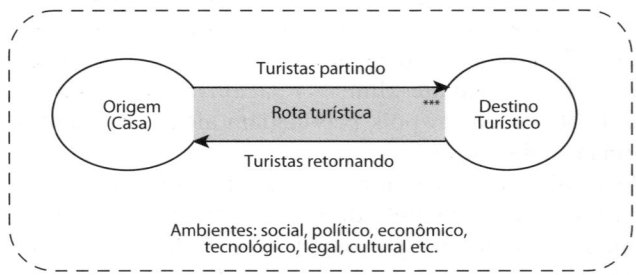

***Empresas Turísticas: ao longo da rota, na origem e no destino turístico.
Fonte: adaptado de Leiper (1979, 2003).

O modelo de Leiper desponta como uma contribuição interessante para refletir sobre a sustentabilidade no turismo porque:
- permite ao analista e/ou gestor colocar em perspectiva as diferentes escalas e regiões que afetam e são afetadas pelo turismo, ainda que estejam localizadas em espaços geográficos distintos (origem, destino, rota). Assim, os impactos do turismo passam a ser verificados desde a

origem do turista, e não somente na atividade de visitação propriamente dita. Além disso, a cadeia produtiva do turismo passa a ser abordada de modo expandido e permite refletir sobre suas limitações e buscar alternativas em suas configurações;
- promove a identificação organizada de diversos atores que estão interligados pela atividade turística, direta e indiretamente. Isso possibilita, no que tange aos impactos da atividade, perceber as externalidades[5] geradas, além de apontar onde se concentram os ganhos e as perdas, permitindo estudar as relações de cooperação e conflito tecidas ao redor do turismo;
- possibilita revisar as áreas de trânsito (rotas e meios de transporte) e refletir acerca de possíveis impactos nestas áreas e suas alternativas de manejo. Note que este ponto se fortalece à medida que crescem as preocupações com os deslocamentos e seus impactos nocivos ao meio ambiente e com as emissões de gases de efeito estufa;
- facilita a identificação de aparatos e estruturas compatíveis com a função da localidade dentro do sistema. Afinal, nem toda localidade envolvida com o turismo é, necessariamente, um destino. Este entendimento é crucial para que se possa, inclusive, pensar em termos de roteirização, aspecto central na política pública nacional de turismo desde 2007, sem se incorrer no erro de tentar projetar todas as localidades como destinos. Algumas delas serão parte da rota de passagem e devem ser encaradas como tal para que sejam oferecidos os produtos e

---

[5] A ideia de externalidade vem do trabalho de Pigou (1920): é um efeito não calculado sobre terceiros.

serviços esperados pelos clientes e para que possam ser atendidas as expectativas daqueles que investem em negócios e que planejam a atividade turística.

Esse modelo foi detalhado minuciosamente por Lloyd Stear (1987), especialmente no que diz respeito à análise dos elementos que compõem a cadeia produtiva e aos fluxos existentes entre eles. A cadeia produtiva é entendida como o conjunto de elementos ou atividades (elos) que se articulam progressivamente, desde os insumos básicos até o produto final, incluindo bens de capital, bens intermediários, distribuição e comercialização. No turismo, a cadeia produtiva diz respeito ao conjunto complexo de atividades e serviços ligados a deslocamentos, visitas, transportes, alojamento, lazer, alimentação e circulação de produtos típicos para os turistas. Os aspectos referentes ao mercado e às empresas do turismo são frequentemente abandonados em discussões que zelam pela sustentabilidade. Porém, isso é um equívoco, já que, no lugar da visão da economia e das empresas como "vilãs", a reflexão sobre o tripé das dimensões da sustentabilidade (econômica, social e ambiental) clama pela compreensão desses aspectos de modo sistêmico.

Por fim, para que a análise sistêmica seja concluída, é preciso fazer uma interpretação cautelosa dos ambientes externos em diferentes escalas (micro e macro), para que se conheçam as forças externas e internas que influenciam, direta ou indiretamente, a gestão do destino turístico. O conhecimento do ambiente permite a coleta de dados e o processamento destes, resultando em informações que podem se tornar diferenciais para a adaptação dos negócios e dos destinos. Algumas das razões para se conhecer os ambientes no turismo são destacadas a seguir:

a) informar sobre mudanças no contexto ou ambiente, servindo como alerta antes que os obstáculos possam surgir. Exemplo: prospecção de ameaças naturais ao destino, novas tecnologias adequadas ao segmento, novos competidores etc.;
b) perceber os movimentos da concorrência e estipular parceiros potenciais em tempo de planejar a ação;
c) melhorar o gerenciamento das empresas e dos destinos turísticos em uma perspectiva de incertezas e mudanças, a fim de considerar os riscos e reduzi-los.

No contexto internacional, eis alguns temas que estiveram em destaque nos dois últimos anos, em razão dos efeitos que apresentaram e ainda apresentam sobre o mercado turístico:

- insegurança e terrorismo em reconhecidos destinos turísticos mundiais;
- mudanças climáticas: aquecimento global, derretimento de calotas polares e de picos nevados, elevação dos níveis dos oceanos, entre outros resultados;
- desastres naturais: terremotos, furacões, tsunamis;
- crise econômica global no ano de 2008;
- epidemias e pandemias como Sars[6] e gripe A;
- conflitos no Oriente Médio, África, Ásia e Leste europeu.

Resumidamente, é possível propor um esquema para o diagnóstico de sistemas de turismo, especialmente útil para projetos, reflexões e intervenções que tenham o desenvolvimento e a sustentabilidade como foco. (quadro 1).

---

[6] Severe acute respiratory syndrome ou síndrome respiratória aguda grave.

Quadro 1 – Proposta de metodologia para diagnóstico de sistemas de turismo

Sistema de turismo e seus elementos

1- Escolher o sistema a ser analisado: Qual a origem? Qual o destino? Qual o segmento do turismo (ponto de vista da oferta: cultural, ecoturismo, aventura, sol e praia etc.)? Qual o perfil do turista (ponto de vista da demanda: atributos como faixa etária, renda, interesses etc.)?

2- Caracterizar os elementos do sistema: o destino, a origem, a rota e os turistas. Fazer um diagnóstico desses elementos a partir de dados da origem e do destino (características demográficas, econômicas, acesso, infraestrutura turística, rotas, estatísticas, atrativos, mercados, breve perfil do turista).

3- No destino: identificar, por meio de consultas a bancos de dados, observações do local e entrevistas, os principais atores sociais e lideranças ligadas ao turismo e que possam influenciar seu desenvolvimento. Englobar: empresas, entes públicos, ONGs, organizações comunitárias (associações/cooperativas), organismos internacionais que atuam no local etc. Identificar: como as organizações atuam, como são as relações entre elas.

Elos da cadeia produtiva do destino

4- Analisar as empresas que trabalham com o turismo nos destinos, configurando a cadeia produtiva. Estes subsetores irão variar de acordo com o destino (sua consolidação, seu segmento-alvo, seus atrativos principais). Identificar, para cada setor: função (quais os objetivos primários e secundários), operação (como funcionam suas operações básicas), estrutura (quantos e quem os compõe) e relacionamentos (com quem precisa se relacionar – concorrentes, parceiros, etc., – e determinar as relações de cooperação, de competição e de conflito).

Ambientes

5- Considerando o sistema de turismo como aberto, identificar:

- características, em cada dimensão do ambiente externo mundial e do Brasil, e na origem, que possam afetar positiva ou negativamente esse sistema emissivo de turistas

- características, em cada dimensão do ambiente externo mundial e do Brasil, bem como no ambiente interno do destino, que possam afetar positiva ou negativamente esse sistema na recepção de turistas.

O que é sustentabilidade: breve histórico da interface entre meio ambiente e desenvolvimento

A adjetivação do desenvolvimento como sustentável é recente, não tem ainda um quarto de século. Apesar disso, a expressão desenvolvimento sustentável (DS) percorreu o mundo e se firmou em cinco espaços, conforme Nascimento e Costa (2010).

Primeiro, naquele dos governos e entidades multilaterais, sensibilizados pelas contínuas denúncias de degradação ambiental, pela ameaça crescente de escassez de recursos naturais, aquecimento global e pela propagação dos conflitos socioambientais. O segundo espaço foi o das empresas, sensibilizadas em função de sua imagem junto aos consumidores, acionistas e financiadores, mas também pela compreensão, de alguns empresários, quanto aos riscos do mau uso dos recursos naturais. O terceiro espaço foi o da sociedade civil organizada, uma parcela que viu no DS a possibilidade de construir e propagar uma nova utopia e, simultaneamente, complementar as lutas em torno dos direitos humanos, da ampliação da democracia, entre outros temas. O quarto espaço foi o da mídia. Os veículos de comunicação viram que a expressão DS angariava a atenção de seus leitores e espectadores e passaram a repercuti-la. O mundo da academia foi o quinto espaço social a incorporar o DS, em parte movido pelos conhecimentos em torno das ameaças que a sociedade de risco impõe a todos e, em parte, pelos financiamentos disponíveis para pesquisas.

O conceito de DS remete a uma possibilidade de conciliação entre questões ambientais e de desenvolvimento. No entanto, existem diferentes lógicas e racionalidades que regem a ecologia e a economia, ou a natureza e a produção, o que culmina em impasses.

Essa dicotomia foi assinalada de forma precisa e contundente, pela primeira vez, por Nicholas Georgescu-Roegen. "Baseado na segunda lei da termodinâmica, ele afirmou que as atividades econômicas gradualmente transformam energia em formas de calor tão difusas que são inutilizáveis" (Veiga, 2008:111). Desse modo, Georgescu-Roegen (1971) assinalou os limites do crescimento econômico: sua base material. Mostrou, ao mesmo tempo, que o raciocínio econômico que se faz na abstração do sistema de sua base material (biofísica) é equivocado.

Os antecedentes da preocupação ambiental encontram-se na década de 1960. Especialmente quando os avisos de Carson a respeito dos efeitos danosos do pesticida DDT sobre a saúde humana e o meio ambiente apareceram sucessivas vezes na mídia. Os economistas começaram a fazer ligações entre a teoria das externalidades (Pearce, 2002), entendidas como efeitos não calculados sobre terceiros, e a interpretação econômica do ambientalismo, inaugurando um novo encontro entre a problemática ambiental e sua possibilidade de harmonização com os rumos do desenvolvimento.

Visão histórico-conceitual da agenda ambiental até a institucionalização do DS

O discurso do DS, desde seu surgimento, tem passado por remodelagens e releituras, dentro de um processo histórico-evolutivo e de institucionalização (Nobre e Amazonas, 2002; Machado, 2005). A evolução destas noções acompanha o desenrolar de conferências globais que discutiram acerca da interface entre meio ambiente e desenvolvimento (quadro 2).

Quadro 2 – Conferências globais sobre o meio ambiente

Ano: 1972

Título da conferência: Conferência da ONU sobre o Homem e o Meio Ambiente (Estocolmo – Suécia)

Principais temas e resultados: Aponta a necessidade de resolver os conflitos entre meio ambiente e desenvolvimento.

Ano: 1987

Título da conferência: Comissão Mundial de Meio Ambiente e Desenvolvimento (WCED)

Principais temas e resultados: Produz o "Relatório Brundtland", que define desenvolvimento sustentável como um "desenvolvimento que satisfaz as necessidades do presente sem comprometer a capacidade das gerações futuras de satisfazerem suas próprias necessidades".

Ano: 1992

Título da conferência: Conferência da ONU sobre Meio Ambiente e Desenvolvimento (Eco 92 ou Rio 92) (Rio de Janeiro – Brasil)

Principais temas e resultados: Objetiva reestruturar a economia mundial de acordo com princípios de sustentabilidade. Ratifica dois acordos internacionais: a Convenção sobre Biodiversidade e Mudanças Climáticas e a Agenda 21, que são orientações sobre como viabilizar o desenvolvimento sustentável.

Ano: 2002

Título da conferência: Conferência Mundial sobre Desenvolvimento Sustentável (WSSD ou Rio + 10) (Joanesburgo – África do Sul)

Principais temas e resultados: Tenta dar maior ênfase aos princípios de sustentabilidade na formulação de políticas públicas, além de focar na distribuição justa de recursos. Alcança alguns sucessos, a exemplo da criação do GEF,[7] e talvez um progresso gradual, mas, no geral, pouco compromisso efetivo.

---

[7] GEF – O Global Environment Facility <www.thegef.org/gef/> reúne os governos de 182 países-membros em parceria com instituições internacionais, organizações não governamentais e setor privado para abordar as questões ambientais globais.

Ano: 2012

Título da conferência: Conferência das Nações Unidas sobre Desenvolvimento Sustentável (Rio + 20) (Rio de Janeiro – Brasil)

Principais temas e resultados: Promove a avaliação de resultados 20 anos após a Rio 92, com a presença de mais de 100 chefes de Estado e de governo, 193 delegações de países e cerca de100 mil participantes. "O Futuro que queremos", documento final da conferência, recebeu duras críticas em virtude de seus avanços muito discretos e da falta de consenso entre os líderes. Os resultados ficaram comprometidos pelo momento de crise econômica e financeira europeia. Entre os avanços estão a ampliação da participação da sociedade civil e a criação do Centro Mundial para o Desenvolvimento Sustentável.

Fontes: adaptado de Cochrane (2008). e <http://www.uncsd2012.org/>[8]

Essa breve revisão deixa entrever as diversas nuances que compõem o conceito DS: científicas, políticas, diplomáticas, sociais etc. Portanto, este termo é não somente técnico, mas também normativo e ocupa o status de carro-chefe da institucionalização da questão ambiental (Nobre e Amazonas, 2002).

O marco inicial da preocupação com o conceito de desenvolvimento sustentável reside na década de 1970. Alguns dos fatos marcantes foram a publicação do relatório Limites ao crescimento (*Limits to growth*), coordenado por Dennis Meadows, e a realização da reunião do Clube de Roma,[9] que evidenciava fatores limitantes do crescimento e mostrava a inviabilidade da perpetuação do padrão de desenvolvimento vigente (Bursztyn e Bursztyn, 2006). Nobre e Amazonas (2002) relatam que esse documento:

> introduziu a finitude na discussão econômica de uma nova perspectiva: não apenas aduziu as problemáticas da poluição e da utilização de recursos naturais finitos como variáveis fundamentais do processo econômico e social, mas também populari-

---

[8] International Centre for Responsible Tourism. Leslie Silver International Faculty. Leeds Metropolitan University. Managing Tourism and Conservation in Protected Areas. p 1-2.
[9] ONG composta por pesquisadores, cientistas, funcionários de órgãos de governo e organismos internacionais de todos os continentes.

zou, de maneira antes impensada, a questão ambiental [Nobre e Amazonas, 2002:28-29].

O reconhecimento da finitude de recursos que têm o potencial de limitar o crescimento econômico (Daly, 1999, 2004) é crucial para a compreensão do conceito que vai se construindo de DS. Ou seja, o aumento quantitativo da atividade econômica não pode ser indefinido em um planeta finito. A ideia de sustentabilidade carrega a conotação de restrição no presente, em consideração a um futuro que também carecerá de recursos para se viabilizar. Além disso, manifesta consciência sobre a existência das externalidades da produção, que abre o horizonte de análise para encarar que elementos perturbadores ou favoráveis podem surgir mesmo em um sistema econômico em bom funcionamento (Bursztyn, 1995). Isso faz com que se considere que a natureza é vulnerável e que os impactos ocorrem em diferentes escalas e dimensões.

Ainda em 1972, houve a realização da conferência de Estocolmo e a criação do Programa das Nações Unidas para o Meio Ambiente (Pnuma) (Sachs, 2002, 2004). Pela primeira vez, foram discutidos aspectos ecológicos, políticos e do embate entre perspectivas desenvolvimentistas e ambientalistas.

Em 1973 surge o conceito de ecodesenvolvimento, que foi gradativamente substituído pelo de desenvolvimento sustentável (Sachs, 2000). No mesmo ano, o livro *Small is beautiful*, publicado em 1973 por Schumacher, chamava a atenção para problemas de produção e consumo, enfatizando que o modelo de produção imperante era nocivo para o meio ambiente e para o próprio homem. Tantos outros foram os pensadores[10]

---

[10] Boaventura de Souza Santos, Capra, Morin, por exemplo.

que, mais tarde e de modo complementar a ele, identificaram eixos da crise entre sociedade e natureza: globalização, explosão demográfica, degradação ambiental etc.

Na década subsequente, o ano de 1987 foi extremamente importante para a questão ambiental. Nesse ano foi publicado o Relatório Brundtland, de título *Our common future* (*Nosso futuro comum*). Esse relatório apresentava as necessidades humanas, colocando-as no centro do debate, refletindo sobre as condições para um futuro comum e a equidade intergeracional. Adotando uma visão essencialmente antropocêntrica, o mencionado documento cumpriu o papel de definir o conceito mais amplamente utilizado até hoje de desenvolvimento sustentável (quadro 2) e de fornecer uma conotação política ao termo (Veiga, 2006). Ademais, apesar de ser uma contribuição menos mencionada, o Relatório Brundtland somou ao apresentar um conceito para DS como processo:

> *processo* [grifo da autora] de mudança no qual a exploração dos recursos, a direção dos investimentos, a orientação do desenvolvimento tecnológico e as mudanças institucionais estão em harmonia e elevam o potencial presente e futuro para suprir as necessidades humanas e suas aspirações[11]

Mais tarde, na década de 1990, passou a ser claramente reconhecido que o nosso modelo de civilização dissocia o meio ambiente do desenvolvimento. Tal pauta foi enfatizada com as discussões da Rio 92, momento a partir do qual o debate foi aceso com mais vigor no Brasil (Guimarães, 1997; Pearce, 2002). Essa conferência marca um ponto de inflexão na questão ambiental por tê-la elevado ao primeiro plano da agen-

---

[11] O relatório original pode ser encontrado em: <www.un-documents.net/ocf-02.htm#I>. Acesso em: 20 dez. 2011.

da internacional. Além disso, estimulou o debate acerca das diferentes necessidades alegadas por países do Norte, que queriam melhorar o uso dos recursos, e países do Sul, que desejavam empregar seus recursos para mitigar a pobreza e promover crescimento (Nobre e Amazonas, 2002).

Apesar dos avanços, ainda havia a lacuna de inserir a questão ambiental em planos de tomada de decisão em todos os níveis, do global ao local (Nobre e Amazonas, 2002). Assim, entre outros protocolos negociados, lançou-se o primeiro documento que apresenta um compromisso internacional voltado ao horizonte de longo prazo, pautado em princípios de sustentabilidade: a Agenda 21. Ela é entendida como

> um instrumento de planejamento para a construção de sociedades sustentáveis, em diferentes bases geográficas, que concilia métodos de proteção ambiental, justiça social e eficiência econômica.[12]

Dimensões e fundamentos do DS

A possibilidade de conciliação entre as esferas social, ambiental e econômica é subjacente ao conceito de desenvolvimento sustentável, que pressupõe uma estratégia de desenvolvimento que não se baseia em uso predatório da natureza. Pelo contrário, desencoraja ações ameaçadoras a longo prazo tanto para os ecossistemas quanto para a base biofísica da economia e

> impulsiona aquilo que é desejado, como sucede com renda real, emprego, bem-estar, um ambiente limpo, paisagem bela, segurança pessoal, um uso balanceado de recursos naturais [Cavalcanti, 1999:30].

---

[12] Ministério do Meio Ambiente. Disponível em: <www.mma.gov.br/sitio/index.php?ido=conteudo.monta&idEstrutura=18&idConteudo=597>. Acesso em: 20 dez. 2011.

Em poucas palavras, os fundamentos do desenvolvimento sustentável podem ser traduzidos como: visão holística, considerações de longo prazo e equidade (Sharpley, 2000). Tangenciando o aspecto da visão holística, Norgaard (1999) afirma que nenhuma abordagem separada resolveria questões de tamanha complexidade. Afinal, a sustentabilidade expressa a interdependência entre pessoas e o mundo natural, buscando a persistência de características necessárias e desejadas para as organizações, as comunidades e os ecossistemas por um longo período de tempo ou indefinidamente (Hardi e Zdan, 1997), abordando o segundo fundamento esclarecido por Sharpley (2000).

Como argumenta Lenzi (2006), somente acreditar na possibilidade de conciliação entre produção econômica e proteção ambiental não é próprio do discurso do desenvolvimento sustentável. O que o diferencia das abordagens anteriores é sua ligação com questões de justiça social, democracia e direitos humanos. Isso faz aflorar princípios que integram o caminho da sustentabilidade, tais como a precaução, a responsabilidade intergeracional, a democracia, a participação, o respeito à sociobiodiversidade e a ética no uso dos recursos.[13]

Em poucas palavras, podem ser chamadas de minimamente sustentáveis aquelas ações que: previnem, eliminam ou atenuam impactos negativos no presente e no futuro; oferecem acesso mais equitativo aos recursos do planeta, tanto para as gerações presentes quanto futuras, e oferecem espaço para processos democráticos na tomada de decisões. Isso dá origem ao trevo de três folhas clássicas da sustentabilidade de que tratam Nascimento e Vianna (2007): eficiência econômica, conservação ambiental e equidade social.

---

[13] Herrera (1984); Bursztyn (1995); Sachs (1995); Rodrigues (1998); Frey (2001); Capra (2002); Pena-Vega (2003); Leff (2004); Theodoro (2005); Bursztyn e Bursztyn (2006).

Esses três aspectos são primordiais e só se pode pensar em sustentabilidade a partir do momento em que suas dimensões estão conectadas e equilibradas. Portanto, vale enfatizar, não se fundamenta a divisão em sustentabilidade social, sustentabilidade econômica e sustentabilidade ambiental encontrada em muitos trabalhos do turismo. A noção de sustentabilidade só adquire sentido quando se trata das três esferas, juntas e em diálogo. Sustentabilidade não é uma propriedade de uma das esferas, mas da interação equilibrada entre elas, dentro de uma visão sistêmica.

Críticas ao conceito de DS

Ainda que o desenvolvimento sustentável seja amplamente disseminado como conceito e abordagem, existem várias críticas a ele. A primeira, possivelmente a mais recorrente, julga o conceito como vago, confuso e de difícil operacionalização (Guimarães, 1997). Frente a isso, Veiga (2006:89) nos conforta ao afirmar que "a sustentabilidade não é, e nunca será uma noção de natureza precisa, discreta, analítica, ou aritmética, como qualquer positivista gostaria que fosse". Ademais, foi esta vaguidão que permitiu engajamento de tantos atores sociais, já que ninguém discorda dele, ou ousa afirmar que o faz (Nobre e Amazonas, 2002). Sob a égide do DS habitam várias compreensões, inclusive distintas entre si. No entanto, a abertura é própria desse conceito e, como sugerem Nascimento e Costa (2010), configura o DS como um "campo de força" que é apropriado e disputado pelos diversos atores (posições e visões) que o habitam.

A segunda crítica diz respeito ao DS ser "um artifício ou uma ideologia que busca mascarar o caráter essencialmente depredador do capitalismo", em oposição ao postulado do DS como uma possibilidade de inaugurar "uma nova racionalidade econômica capaz de oferecer respostas adequadas às contradições e mazelas socioambientais geradas pelo capitalismo (Machado, 2005:24)".

A terceira crítica refere-se ao reconhecimento da expressão DS como um oxímoro, uma figura de retórica que justapõe dois termos contraditórios e só pode ser compreendida em um sentido metafórico (Nascimento e Costa, 2010). Entre esses autores, destaca-se Serge Latouche como o principal crítico. Para o autor, nenhum desenvolvimento pode ser sustentável, porque se choca com os limites da biosfera. Para ele, a sustentabilidade só é possível se não ocorrer aumento da produção de bens materiais; se houver, portanto, um decrescimento econômico, sobretudo nos países ricos (Latouche, 2003, 2007).

Portanto, o decrescimento consiste na principal e mais radical linha teórica de oposição ao DS. Os apoiadores dessa vertente condenam o desenvolvimento e desejam desenhar uma alternativa para as políticas pós-desenvolvimento (Latouche, 2007). O decrescimento é um projeto político que se contrapõe ao desenvolvimentismo e ao produtivismo.

Opõem-se a todas essas críticas uma outra, mais consistente teoricamente e pouco preocupada com o estatuto científico ou não do DS. Ela foi recentemente sistematizada pelo prêmio Nobel de Economia de 1987, Robert Solow (2000). Para ele, a natureza não constitui obstáculo ao desenvolvimento na medida em que a escassez de um produto, pela elevação do preço, busca outras alternativas e estimula mudanças tecnológicas, de maneira contínua.

Apesar das posições divergentes, muitos autores admitem que o desenvolvimento sustentável passou a ter reconhecimento mundial e um conteúdo normativo forte (Lenzi, 2006). Em suma, sustentabilidade é uma proposta qualificadora do desenvolvimento, que relaciona justiça social, qualidade de vida, equilíbrio entre uso e capacidade de regeneração ambiental, longevidade e retornos econômico-financeiros. Ou, como prefere Veiga (2010b), um valor em busca de legitimação.

Turismo sustentável: o turismo no caminho da sustentabilidade

A busca pela sustentabilidade é hoje um desafio planetário, conforme Sachs (2002). O assunto é recorrente nos estudos de diversos campos, inclusive do turismo, em virtude da representatividade dessa atividade no mundo atual. À medida que ocorre o crescimento do setor, as preocupações também crescem.

Em 2007, o turismo produziu uma receita mundial de cerca de US$ 856 bilhões, com previsões de crescimento anual de 4,3%. Nesse mesmo ano, estimava-se que o turismo representava 3,6% do produto interno bruto mundial e 8,3% da mão de obra empregada no mundo, ou seja, um emprego a cada 12 no mundo (WTTC, 2007).

Já em 2009, em função da crise financeira mundial e da recessão econômica no ano anterior, agravada pela incerteza em torno da pandemia da gripe A (H1N1), ocorreu uma queda do fluxo turístico internacional da ordem de 4,2%. Exceto na África, que apresentou um crescimento de 3%, todos os dados das regiões do mundo foram negativos em 2009: Europa (–6%), Oriente Médio (–5%) e América (–5%) (UNWTO, 2010). No mesmo ano, a receita do turismo internacional atingiu US$ 852 bilhões, o que corresponde a uma diminuição, em termos reais, de 5,7%, se comparada à de 2008. Além disso, o turismo representou, ainda em 2009, entre 1,9% e

10,7% do PIB; e 2% a 12,7% dos empregos nos países-membros da Organização para a Cooperação e Desenvolvimento Econômico (OECD, 2011).

O primeiro semestre de 2010 foi marcado pelo aumento de 7% de chegadas de turistas internacionais em todo o mundo, em comparação aos números deprimidos do mesmo período de 2009, confirmando a tendência de crescimento que retornou no último trimestre de 2009, após 14 meses de declínio.

Havia um crescimento estimado para 2011, embora a um ritmo mais moderado, na faixa de 4% a 5% de aumento nas chegadas de turistas internacionais (UNWTO, 2011). Com essas estimativas, o turismo representaria uma contribuição total de 2,8% no PIB Mundial e 8,8% na mão de obra empregada no mundo, incluindo postos de trabalho indiretos alocados na indústria (WTTC, 2011). De modo alinhado às previsões, constatou-se em 2011 o crescimento de 4,4% nas chegadas de turistas internacionais com o total de 980 milhões de pessoas. Nesse período, o turismo europeu cresceu acima das expectativas (6%), apesar das incertezas econômicas e crises conformadas da zona do Euro. Em contraposição, o Oriente Médio e o norte da África tiveram quedas de 8% e 12%, respectivamente, em virtude das instabilidades políticas que acometeram diversos de seus países (UNWTO, 2012a).

Especialmente em mercados emergentes e em desenvolvimento – tais como China, Índia, países do Sudeste asiático, do continente africano, do Oriente Médio e da América Latina, a recepção de turistas internacionais cresceu a uma taxa média de 6% a 8% na última década (UNWTO, 2008). Esse conjunto de países apresentou crescimento equivalente ao dobro daquele demonstrado por mercados industrializados e consolidados mundialmente no mercado turístico durante o mesmo período (UNWTO, 2008). Em 2011, o Sudeste e o Sul asiáticos, bem como a América do Sul, continuaram em alta e registraram as maiores taxas de crescimento, em valores próximos de 10% (UNWTO, 2012a).

Também materializando no turismo a pujança das economias emergentes, vê-se que vieram delas os aumentos mais expressivos nos gastos em viagens ao exterior, a exemplo do Brasil (32%), da Índia (32%) e da Rússia (21%). A China lidera esta estatística, mundialmente, com o aumento de 38% nos gastos de seus cidadãos em viagens ao exterior (UNWTO, 2012b).

Para 2012, as previsões dão conta de um crescimento de 3% a 4% no número de chegadas internacionais. Esta projeção está um pouco aquém daquela feita para 2011, mas indica um caminho de crescimento contínuo no fluxo de turismo internacional mundial, que deve chegar a 1 bilhão de pessoas em 2012 (UNWTO, 2012a).

O crescimento do turismo traz consigo não somente razões para comemorar, mas também para levantar algumas preocupações (Harrisson, 1996; Saarinen, 2006). Afinal, a atividade turística é um conjunto complexo de sistemas que inclui a economia, os ambientes naturais e culturais, as relações entre os países emissores e receptores de turistas, bem como as relações entre os lugares onde o turismo ocorre e o restante da sociedade (Burns, 2002).

Tendo em vista essas implicações, paralelamente ao aumento da relevância e da sedimentação da noção de sustentabilidade, houve também o crescimento da presença do turismo no âmbito das conferências internacionais dedicadas à interface meio ambiente e sociedade. Diversos são os documentos e as declarações que dizem respeito à sustentabilidade do turismo (quadro 3).

Quadro 3 – Documentos e declarações internacionais sobre turismo e sustentabilidade

Ano / Documentos

1980

Declaração de Manilla sobre o Turismo Mundial – Adotada após a Conferência Mundial de Turismo, é pioneira, tendo sido feita antes da criação da Comissão Brundtland (ONU). Primeira declaração em que se indica que os recursos (espaço, bens e valores) não podem ser empregados de maneira descontrolada.

1982

Declaração sobre Turismo e Meio Ambiente – Divulgada pela OMT e pelo Pnuma, defende o direito às atividades de férias e tempo livre, e considera que o único turismo aceitável é aquele que melhora, protege e salvaguarda o meio ambiente.

1985

Carta sobre o Turismo e o Código do Turista – Resultados da Assembleia da OMT em Sófia (Bulgária), defendem novamente o direito ao descanso, lazer e férias, além de apontar orientações sustentáveis para a atividade turística, tanto sobre o comportamento dos turistas quanto sobre o planejamento público.

1989

Declaração de Haya sobre o Turismo – Organizada pela União Interparlamentar e OMT, indica 10 princípios inspiradores para as ações conjuntas entre setor público, setor privado e profissionais do turismo. Incentiva a promoção do planejamento turístico "que se fundamente na noção de 'desenvolvimento duradouro' (p. 4).

1992

Agenda 21 para o Turismo – Nasce a partir da Eco 92 (ou Conferência das Nações Unidas sobre o Meio Ambiente, RJ, Brasil). O debate resulta na construção do conceito de turismo sustentável como prática que se preocupa com a manutenção da integridade cultural e do meio ambiente. Enumera as áreas prioritárias de ação para o setor da indústria de viagens e turismo, empresas e governo, em termos de sustentabilidade.

1995

Carta do Turismo Sustentável de Lanzarote – Organizada a partir da Conferência Mundial de Turismo Sustentável, indica um plano de ação para o turismo sustentável, que está ancorado nos princípios da Declaração do Rio (Eco-92) e nas recomendações da Agenda 21. É pioneira no entendimento sobre a sustentabilidade no tripé: "suportável ecologicamente a longo prazo, viável economicamente e equitativo desde uma perspectiva ética e social para as comunidades locais" (p. 2).

1997

Declaração de Berlim – Surge no âmbito da Conferência Internacional de Ministros de Meio Ambiente sobre Biodiversidade e Turismo e indica, como medidas de planejamento e prevenção, a necessidade de: monitoramento das atividades turísticas, inventário das atividades e atrativos, restrição para a prática turística em determinadas áreas e restrição ao uso inadequado de bens naturais para produção de lembranças turísticas.

1999

Código Mundial de Ética no Turismo – Adotado pela OMT em Santiago, aponta 10 princípios para a prática do turismo que respeita diferentes sociedades e culturas. Considera que todos os tipos de desenvolvimento turístico que economizam os recursos naturais e evitam a produção de dejetos devem ser privilegiados.

2002

Declaração de Quebec sobre o Ecoturismo – Celebração do Ano Internacional do Ecoturismo, declarado pela ONU e pelo Pnuma. Resulta na definição de uma agenda preliminar e de um compilado de recomendações para o desenvolvimento de atividades de ecoturismo pautadas pelo desenvolvimento sustentável.

Cúpula Mundial do Desenvolvimento Sustentável de Johanesburgo – Encontro projetado para avaliação das condições do mundo após 10 anos de Eco 92. O turismo sustentável é entendido como estratégico para o desenvolvimento sustentável.

Declaração da Cidade do Cabo sobre Turismo Responsável – Documento resultante de um evento preparatório para convenção em Johanesburgo, no qual estiveram presentes 280 representantes de 20 países. Define as características básicas de um turismo responsável em diversas dimensões (social, econômica, ambiental, cultural etc.) e em relação a vários atores sociais (turistas, comunidades receptoras, organismos internacionais etc.).

2003

Declaração de Djerba sobre Turismo e Alterações Climáticas – Documento orientador para Estados, agências, ONGs e empresas em relação ao turismo sustentável, no tocante a ações para combater as modificações no clima global, decorrente da I Conferência Internacional sobre Mudança Climática e o Turismo.

2005

Declaração de Bali sobre Desenvolvimento do Turismo Sustentável – Países-membros da Unescap (United Nation Economic and Social Commission for Asia and The Pacific) afirmam seu compromisso com os objetivos do milênio e clamam que seus membros formulem políticas que maximizem a contribuição do turismo para o desenvolvimento socioeconômico e para a inclusão social, e que minimizem a pobreza.

2007

Declaração de Davos de Mudanças Climáticas e Turismo– Apresenta consensos sobre o fato de o clima ser recurso essencial para o turismo[14] e de a atividade turística ter contribuído com cerca de 5% das emissões mundiais de CO_2. Insere a dimensão climática, ao lado das dimensões social, econômica e ambiental da sustentabilidade do turismo.

2009

Declaração de Belém – Fórum Global sobre Turismo Sustentável – Iniciativa de uma parceria entre movimentos sociais, fóruns e ONGs, a qual afirma que outro turismo é possível e urgente. Entende que: o atual modelo de políticas públicas (marcado pela visão neoliberal, privatizações, impunidades etc.) é a principal barreira na construção do turismo sustentável; o turismo convencional contribui para o aquecimento global e as mudanças climáticas; outro modelo de turismo pressupõe a afirmação do turismo comunitário, solidário, justo e sustentável.

2011

Declaração de Alberta sobre Turismo Responsável em Destinos Turísticos – 193 representantes de 20 países avançaram a partir da Declaração da Cidade do Cabo de 2002. A declaração apresenta recomendações para tornar o turismo mais responsável, com ênfase em cinco temas: acessibilidade, turismo polar, turismo indígena, governança e desenvolvimento econômico local em países desenvolvidos.

2012

Declaração de Turismo, sustentabilidade e Futuro – Resultante do evento Turismo e Futuro, realizado na Cúpula dos Povos da Rio +20. A declaraçãofoi realizada em conjunto por ONGs, universidades e outros parceiros com atuação em rede. A declaração defende que uma nova forma de turismo – mais justa, digna e sustentável - é "possível e urgente", bem como traz princípios norteadores, convidando a sociedade para tal engajamento.

Fonte: adaptado de Dias (2003), Sustentare (2011),[15] Unescap (2007),[16] ICRT (2012)[17]

---

[14] Disponível em: <www.cbcvb.org.br/docs/downloads/declaracao_de_davos.pdf>. Acesso em: 20 dez. 2011.

[15] Sustentare Consultoria em Sustentabilidade. "Turismo sustentável e a sua importância para o sector em Portugal", 2011. Disponível em: <www.sustentare.pt/pdf/Research5-%20Turismo-Sustentavel.pdf>. Acesso em: 20 dez. 2011.

[16] <http://www.unescap.org/ttdw/Publications/TPTS_pubs/Toreview_No26_2474/Toreview_No26_fulltext.pdf>. Acesso em: 12 jan 2012.

[17] <http://www.icrtourism.org/capetown.shtml e http://rtd5.icrtcanada.ca/wp-content/uploads/2011/06/RTD5-Declaration.pdf.> Acesso em: 20 jan. 2012.

Além dos documentos listados acima, há tantos outros que tratam sobre turismo e sustentabilidade. Em decorrência da Rio + 20 em 2012, há expectativa de que surjam novas declarações internacionais que balizarão as futuras discussões.

Impactos do turismo

A noção de turismo sustentável está diretamente ligada aos seus impactos tratados de modo sistêmico, tendo em vista minimizar os danos e maximizar os ganhos sociais, econômicos e ambientais, simultaneamente. É possível entrever impactos, positivos e negativos, ligados ao turismo nas esferas sociais, econômicas e ambientais (Swarbrooke, 2000; Ruschmann, 2002; Krippendorf, 2003; Cooper et al., 2007). Uma análise resumida de impactos do turismo foi oferecida por Leiper (1995):

a) *impactos econômicos* – estes impactos advêm, principalmente, do fato de os turistas atuarem como consumidores temporários no local visitado. Entre os impactos positivos listados estão (Leiper, 1995):

- ganhos de divisas e créditos na balança de pagamentos em nível nacional;
- faturamento das empresas, tendo em vista a gama de negócios que servem ao turista;
- taxas e impostos para os governos;
- dinamização da economia;
- trabalho, emprego e renda pessoal, considerando que em locais bastante turísticos grande parte dos trabalhadores tem sua renda vinculada a negócios do turismo, direta ou indiretamente, formal ou informalmente;

- efeito multiplicador econômico, entendido como uma medida de fluxos consequentes de sucessivas rodadas de atividade econômica;
- estrutura de lazer para moradores, incrementada em razão da presença do turista, bem como infraestrutura básica.

Os benefícios listados estão ligados ao fato de o turismo trazer o consumidor para o local, importar divisas e proporcionar pulverização de seus gastos, inclusive entre parcelas mais pobres da população (Lage e Milone, 2001; Ba e Mann, 2006).

Entre os impactos econômicos negativos que podem advir do turismo, estão a inflação e o acréscimo no custo de vida da população local, em razão do maior poder aquisitivo dos turistas; especulação imobiliária; aumento do poder de consumo, o que pode impactar tanto cultural quanto ambientalmente na localidade; e, por fim, o foco excessivo no turismo como "monocultura", desviando recursos e interesses de outras atividades econômicas regionais tradicionais (Valls, 2006). O excesso de dependência do turismo nos locais de destino é poucas vezes percebido como problema, porém, é uma temática crucial para questões de sustentabilidade e para a sobrevivência econômica regional em longo prazo (Urry, 1999; Sharpley, 2000).

b) *impactos socioculturais* – ocorrem mudanças em crenças, valores, comportamentos e costumes na medida em que os habitantes interagem com o turista (Leiper, 1995). Contudo, existe bastante divergência entre autores quanto a essas mudanças serem positivas ou negativas. Entre os impactos negativos, estão:
- turistas que excedem a capacidade de carga, principalmente quando ocorre turismo de massa, originando per-

da de hospitalidade por parte do morador, o que pode ser entendido como exemplo de saturação das capacidades de carga psicológica ou social (Liu, 2003);
- perda de origens da cultura local e comoditização,[18] na medida em que as tradições passam a ser replicadas apenas para atender às demandas do turismo;
- prejuízos às culturas tradicionais em virtude do efeito demonstração[19] criado a partir do estereótipo de riqueza ou do estilo de vida relacionado à origem dos turistas;
- empregos com baixo valor agregado: em destinos turísticos, grande parte das ocupações geradas diretamente pela atividade apresenta baixos salários e baixo *status* social;
- neocolonialismo: a atividade de algumas empresas multinacionais do turismo é entendida por alguns autores como nova forma de colonização;
- a motivação sexual para o turismo, seja no contexto da prostituição ou da exploração sexual de crianças e adolescentes, no estímulo ao consumo e tráfico de drogas, no tráfico de pessoas e outros tipos de contravenção.

Entre os impactos positivos, porém, estão os encontros entre autóctones e turistas, bem como o renascimento cultural de artesanatos e costumes proporcionado pela valorização da cultura e pelo interesse dos turistas em conhecer a localidade (Leiper, 1995).

---

[18] Ou comodificação (do inglês *commodification*): tratar algo como uma commodity, transformar algo em bens e serviços.
[19] Ocorre quando "os turistas influenciam o comportamento da população local com seu exemplo" (Cooper et al., 2007:243).

c) *impactos em ambientes físicos* – nesta categoria são compreendidos ambientes naturais e construídos. Entre os impactos negativos, encontram-se:
- conflitos advindos de prejuízos do turismo de massa ao ambiente físico: energia, ar, água, vegetação;
- poluição da paisagem e excesso de infraestrutura construída;
- segregação física entre moradores e turistas por meio da construção de espaços excludentes.

Entre os impactos positivos, foram identificados: a revitalização para uso turístico de monumentos e espaços históricos anteriormente abandonados – a exemplo de áreas portuárias como o porto de Belém (PA) e Puerto Madero em Buenos Aires (Argentina) – e a recuperação do interesse por proteger áreas naturais, em função de seu uso turístico. Além disso, podem advir do turismo ganhos como instalação de equipamentos para coleta e destinação de resíduos, obras de saneamento com repercussão positiva sobre a saúde da população.

Conciliar esses impactos e conduzi-los em uma mesma direção é um grande desafio, tendo em vista que eles ocorrem, simultaneamente, em todas as direções. Além disso, esse obstáculo não habita apenas o campo tecnocrático, mas sim político, já que medidas para tornar o turismo e o destino mais sustentáveis trazem benefícios para uns e prejuízos para outros (Swarbrooke, 2000). Para uma atuação mais ligada à realidade dos destinos turísticos, é preciso compreender que, por exemplo, a alta no preço dos imóveis prejudica aqueles (moradores ou empreendedores) que querem comprar, mas favorece aqueles que desejam vendê-los. Isso mostra que a interpretação dos impactos como positivos ou negativos não é homogênea.

Ou seja, a leitura de um impacto como positivo ou negativo não é absoluta, mas sim ligada com a perspectiva de cada grupo, porque está relacionada com seus interesses e prioridades.

De forma geral, a despeito dos possíveis impactos negativos, são recorrentes as afirmações de que o turismo tem um grande potencial de gerar renda e sua distribuição, promover desenvolvimento regional, além de apresentar um alto consumo de produtos e serviços localmente (Cavalcanti, 1999; Lage e Milone, 2001; Goeldner, Ritchie e Macintosh, 2002; Fyall e Garrod, 2005; OECD, 2008). Essa crença perpassa a literatura especializada, o discurso das políticas públicas e de intervenção de muitas organizações governamentais e do terceiro setor.

Todavia, poucos relatos mostram a efetiva realização desses potenciais positivos do turismo (Liu, 2003). Segundo Sharpley (2000), o mercado do turismo continua polarizado e reforçando desigualdades regionais e internacionais, ainda que surjam novos centros atrativos em países marginalizados. A operacionalização local do turismo continua ainda, em muitos casos, concentrada em suas elites políticas e econômicas, gerando enclaves e guetos, e os grupos internacionais continuam verticalizados e polarizadores em suas operações (OECD, 2008).

Turismo sustentável

O modo como se desenvolve o turismo (e a forma como ele parece "correto") não é estático, mas sim ancorado no seu tempo histórico, sujeito ao paradigma econômico dominante de cada época. Se na década de 1960 era aceitável o discurso da modernização – com total atenção para o crescimento econômico que a atividade turística pode gerar, independentemente de seus impactos negativos –, a partir da década de 1980 começaram a aparecer mudanças nos discursos (Sharpley, 2000). Concomitantemente às críticas aos resultados do mercado livre, da liberalização e da privatização, também emergiram críticas ao turismo, tendo em vista os danos da excessiva exploração de locais a ele destinados.

Em seguida, na tendência do desenvolvimento alternativo, surgem as preocupações ambientais, como os limites para o crescimento, onde está inserido o debate voltado para o ecodesenvolvimento e o desenvolvimento sustentável (Sharpley, 2000). Portanto, no início da década de 1990, ganha força o discurso do turismo sustentável (Saarinen, 2006).

A definição mais disseminada sobre o turismo sustentável reúne as três dimensões básicas da sustentabilidade, e outros olhares podem ser lançados sobre o conceito (quadro 4) a partir da perspectiva da academia e de organizações que regulam e/ou fomentam o turismo.

Quadro 4– Conceitos de turismo sustentável

Autor / Conceito de turismo sustentável: interfaces entre turismo e sustentabilidade
WTO/OMT "Atende às necessidades dos turistas de hoje e das regiões receptoras, ao mesmo tempo que protege e amplia as oportunidades para o futuro. É visto como um condutor ao gerenciamento de todos os recursos, de tal forma que as necessidades econômicas, sociais e estéticas possam ser satisfeitas sem desprezar a manutenção da integridade cultural, dos processos ecológicos essenciais, da diversidade biológica e dos sistemas que garantem a vida" (Organização Mundial do Turismo, 2003:24).
Ministério do Turismo "É, [...] o processo racional de exploração dos recursos ambientais naturais, histórico-culturais e temático-artificiais. [...] Os conceitos que temos pesquisado vêm compreendendo definições limitadas porque somente contemplam recursos ambientais e econômicos, deixando, na maioria das vezes, de analisar a origem e a transformação do valor

turístico intrínseco e sua conversibilidade em renda por meio da produção, da distribuição e do consumo. Também não levam em consideração a inserção da população residente no processo produtivo e, com isso, não atentam até para o sistema de gestão, infraestrutura, equipamentos e serviços receptivos e a competitividade local, regional e internacional dos preços praticados na comercialização do produto turístico final."

Ruschmann

"Os conceitos de desenvolvimento sustentável e de turismo sustentável estão intimamente ligados à sustentabilidade do meio ambiente, principalmente nos países menos desenvolvidos. Isso porque o desenvolvimento e o desenvolvimento do turismo em particular dependem da preservação da viabilidade de seus recursos de base. Encontrar o equilíbrio entre os interesses econômicos que o turismo estimula e um desenvolvimento da atividade que preserve o meio ambiente não é tarefa fácil, principalmente porque seu controle depende de critérios e valores subjetivos e de uma política ambiental e turística adequada [...]" (Ruschmann, 2002:109).

Swarbrooke

"Formas de turismo que satisfaçam hoje as necessidades dos turistas, da indústria do turismo e das comunidades locais, sem comprometer a capacidade das futuras gerações de satisfazerem suas próprias necessidades. [...] Significa o turismo que é economicamente viável, mas não destrói os recursos dos quais o turismo no futuro dependerá, principalmente o meio ambiente físico e o tecido social da comunidade local" (Swarbrooke, 2000:19).

Liu

"Turismo sustentável, por sua vez, requer crescimento sustentável da contribuição do turismo para a economia e o uso sustentável dos recursos e do ambiente" (Liu, 2003:462).

Fontes: Swarbrooke (2000); Ruschmann (2002); Liu (2003); Organização Mundial do Turismo (2003); Brasil (2010).

A análise do quadro mostra que há convergência na noção de que, para ser sustentável, é preciso que o turismo contribua, simultaneamente, para a eficiência econômica, a equidade social e a conservação ambiental.

Em poucas palavras, o turismo sustentável é entendido como aquele compatível ou que contribui para o desenvolvimento sustentável nos destinos em que ocorre, seja em modalidades convencionais ou alternativas. Diante disso, surge a pergunta: existe um turismo realmente sustentável? Essa é uma pergunta feita por muitos estudiosos, certificadores e curiosos, para a qual se alcança uma conclusão parametrizada e comparativa, não absoluta – este destino é mais sustentável que antes ou que outro; este empreendimento é mais sustentável que aquele. Isso ocorre porque não há um padrão, uma régua única que decida se algo é ou não sustentável. Logo, a sustentabilidade não é um atributo pertencente a uma determinada tipologia ou segmento do turismo, mas sim um padrão de desenvolvimento a ser perseguido para qualquer escala ou característica da atividade turística (Clarke, 1997).

Contudo, apesar das convergências, há também divergências sobre o que de fato seria a sustentabilidade do turismo. McCool e colaboradores (2001) identificaram dissonâncias entre o entendimento de alguns atores sociais do turismo acerca do que compõe o cerne do turismo sustentável. Diversos entrevistados destacaram estritamente a sobrevivência em longo prazo do setor e dos negócios turísticos, sem levar em conta preocupações sociais, culturais e ambientais. Isso poderia ser chamado turismo sustentado, embora não sustentável, inspirado na adjetivação de Sachs (2004) para o desenvolvimento.

Turismo sustentado é aquele que garante sua reprodução econômica e sua viabilidade por um certo prazo. Entretanto, ele poderia ser degradador dos recursos naturais e/ou ser excludente, considerando a incapacidade de oferecer oportunidades de acesso às pessoas que assim desejam, seja em seu usufruto, seja em sua produção. Inversamente, o turismo sustentável requer crescimento da contribuição do turismo para a economia, aliado ao uso comedido dos recursos e do ambiente, ao lado da contribuição para a equidade. Em outras palavras, deve ser conduzido dentro de premissas pertinentes à sustentabilidade, tais como:

- assegurar a equidade entre gerações e dentro da mesma geração, incluindo aspectos de participação social e redução da pobreza;
- manter a qualidade e a disponibilidade de recursos naturais tendo em vista o bem-estar físico e social das pessoas e dos ambientes, incluindo aspectos culturais;
- preservar a biodiversidade e evitar mudanças ambientais irreversíveis, de acordo com o princípio da precaução;
- garantir a qualidade da experiência turística;
- encorajar estruturas locais de governança.

Além disso, Garrod e Fyall (1998) salientam que, para ser considerado sustentável, o turismo deve zelar por: a) redução do excesso de consumo e do desperdício, pensando que estes podem evitar os custos para o restabelecimento do ambiente degradado, melhorando a qualidade do turismo; b) integração entre os poderes público e privado na busca por solução de problemas identificados; c) qualificação de mão de obra local para atuação em todos os níveis do setor; d) comercialização do turismo com responsabilidade para o aumento do respeito por ambientes culturais, sociais e naturais locais; e) desenvolvimento de pesquisas para análise do quadro situacional do destino, pensando na melhoria da atividade e na minimização dos impactos negativos e problemas.

Um exemplo de aplicação dessas premissas está no relatório da avaliação ambiental estratégica da costa norte do Nordeste brasileiro, realizado por uma equipe multidisciplinar coordenada pelo Lima/Coppe/UFRJ (2006). Os objetivos estratégicos de sustentabilidade do desenvolvimento, a partir do turismo como vetor, são apresentados e detalhados no quadro 5.

Quadro 5 – Objetivos estratégicos de sustentabilidade do desenvolvimento, a partir do turismo como vetor

Conservar a qualidade ambiental da região, valorizando os recursos turísticos.

Garantir a qualidade dos ativos ambientais da região: ecossistemas marinhos, praias, terraços marinhos, mangues, lagoas costeiras, dunas e planícies fluviais

Proteger a diversidade biológica, apoiando a conservação de áreas naturais, hábitats, fauna e flora e minimizar os danos aos mesmos.

Promover melhor uso do solo, dos recursos hídricos e de outros recursos naturais, respeitando as suas limitações e capacidades de suporte.

Administrar os recursos de forma eficiente e coordenada, respeitando as restrições de uso dos recursos naturais.

Promover a gestão sustentável dos resíduos sólidos e efluentes, principalmente o esgoto sanitário.

Incrementar a participação social na gestão ambiental. Apoiar e fornecer subsídios para a gestão de unidades de conservação (UC).

Apoiar a elaboração de planos de uso turístico das UC, principalmente dos parques, com o objetivo de colaborar com sua preservação.

Garantir a qualidade da oferta turística.

Melhorar a infraestrutura urbana e os serviços turísticos, preparando as cidades para o turismo. Valorizar a cultura e os hábitos da população local.

Evitar a ocupação desordenada e a depreciação visual das áreas urbanas, implementar os planos diretores e incentivar a preservação do patrimônio histórico.

Promover maior coesão e articulação entre as empresas do setor privado e entre elas e o setor público, a capacitação do empresariado local e a adequação de linhas de crédito.

Dinamizar o produto turístico, aproveitando a diversidade de atrativos existentes na costa norte.

Incentivar a adoção de métodos ambientalmente sustentáveis pelos estabelecimentos turísticos existentes e previstos.

Criar mecanismos de controle de qualidade (certificação) para os estabelecimentos turísticos.

Promover o acesso via portões de entrada bem-estruturados e localizados, manter as estradas em bom estado e sinalizadas.

Promover a estruturação da governança local.
Melhorar a interação institucional entre as entidades públicas, principalmente as associadas ao turismo e ao meio ambiente.
Fomentar uma visão de futuro para o processo de planejamento e garantir a participação da sociedade e demais *stakeholders* [...].
Solucionar os conflitos em torno do uso de recursos naturais de maneira justa e transparente [...].
Realizar negociações e tomar decisões de forma transparente, justa e com base em evidências (processo decisório local).
Criar mecanismos de revisão para as decisões tomadas e para o desenvolvimento das atividades associadas ao turismo (indicadores).
Melhorar o processo de informação e comunicação.

Fonte: resumido de Lima/Coppe/UFRJ (2006). Disponível em: <://www.lima.coppe.ufrj.br/lima/files/aaeturismocostanorte/05_regiaoestudo.pdf>.. Acesso em: 20 jan. 2012.

Esse exemplo demonstra que as políticas públicas com olhar na sustentabilidade devem estimular atividades e ações capazes de adicionar valor e contribuir para diminuir a degradação. Para alguns, é sob este argumento que o turismo ganha propulsão para ser considerado uma alternativa mais sustentável do que outras atividades mais danosas. Entre as razões para uma visão otimista sobre o turismo como vetor de desenvolvimento, destacam-se o fato de ser um setor intensivo de mão de obra, que se interessa tanto por lugares altamente conhecidos quanto por lugares remotos, que apresenta oportunidades com baixa necessidade de investimento e por isso absorve empreendedores individuais e pequenos negócios. Todavia, devem ser avaliadas as condições e impactos que ele gera, comparando as atividades possíveis de serem realizadas e seus impactos sobre as pessoas, o meio ambiente e a perspectiva estratégica de desenvolvimento.

Críticas ao turismo sustentável

A literatura voltada para o turismo sustentável é também alvo de diversas críticas. Leiper (1995) reconhece duas fragilidades como principais: a interpretação artificial dada aos ambientes inerentemente complexos e o fato de ela tratar da sustentabilidade apenas no destino turístico. Afinal, a sustentabilidade de uma atividade está ligada ao seu sistema e não apenas a uma parte dele. Para mapear a sustentabilidade do turismo, dever-se-ia rastrear todos os seus pontos básicos de ocorrência: origem do turista, rotas e destinos, dado que a atividade turística provoca impactos em todos esses locais. Como exemplifica Leiper (1995), é preciso prosperidade econômica na origem para que o turista tenha recursos para sair em viagem, assim como é necessária segurança e qualidade nas rotas para que ele se transporte. Apesar disso, a literatura continua focada na sustentabilidade dos destinos.

Harrison (1996), por sua vez, destaca a fragilidade dos autores que se dedicam ao tema do turismo sustentável ao tratar de impactos socioculturais. O autor os acusa de oferecerem uma visão simplista quando reconhecem a comunidade receptora do turismo como plana, consensual e homogênea, como se não houvesse interesses diversos e mutáveis ao longo do tempo quanto ao turismo que se quer desenvolver e quanto ao que se espera dele. Essa concepção, certamente, abre espaço para refletir sobre relações sociais, inclusive para situar o lugar do conflito entre os atores sociais nos destinos turísticos.

A literatura de turismo e sustentabilidade também pode ser criticada por se apoiar apenas em argumentos de "manutenção" para a sobrevivência, em vez de compreender que a sustentabilidade pede uma combinação entre elementos de continuidade e elementos de mudança (Harrison, 1996:81).

Ou seja, sustentabilidade não é somente perenidade e estabilidade, pois pressupõe também adaptação e mudança.

A orientação "turismocêntrica" (Sharpley, 2000:11) também é tomada como uma fragilidade que pode comprometer o objetivo de desenvolvimento sustentável por meio do turismo, que não pode responder, sozinho, pelo desafio sistêmico do desenvolvimento sustentável de uma localidade, já que este se dá por uma conjunção mais ampla de vetores, em que o turismo é apenas um componente (Sharpley, 2000; Hunter, 2002) essencial ou não, a depender da dinâmica do local em que se insere. Isso remete à necessidade de enxergar não somente as áreas circunvizinhas, mas também as atividades complementares ao turismo e concorrentes, na busca por uma visão mais holística da realidade, tendo como foco a sustentabilidade do desenvolvimento.

Críticas foram direcionadas também ao fato de que a literatura do turismo sustentável se ocupa de questões locais, em detrimento da consideração de questões em escala global (Saarinen, 2006). Não obstante, existe grande limitação dos indicadores de sustentabilidade do turismo, e a tentativa de determinação de níveis absolutos de desenvolvimento, limites ou patamares por meio da capacidade de carga e outros indicadores redundaram em pouco sucesso, em razão da falta de visão sistêmica (Liu, 2003).

Uma das críticas mais recorrentes remonta à falta de clareza e à dificuldade de execução do conceito de desenvolvimento sustentável, o que não é exclusivo do setor do turismo. Apesar dessas limitações, a noção de sustentabilidade oferece uma plataforma comum para os atores sociais do turismo "interagirem, negociarem e refletirem sobre os resultados de suas ações frente aos limites de crescimento do meio ambiente" (Saarinen, 2006).

Por fim, outra crítica que pode ser direcionada à noção de turismo sustentável amplamente encontrada, diz respeito a considerar, erroneamente, a sustentabilidade como fato consumado, e não como processo nunca concluído e sempre em andamento.

Segmentos alternativos do turismo: reflexão sobre a sustentabilidade e a responsabilidade

Considerar a sustentabilidade um atributo de determinado segmento de turismo é um erro frequente entre aqueles que têm uma visão opaca do adjetivo sustentável. A sustentabilidade consiste em um processo, sempre em movimento e nunca finalizado, pode ser acoplada a todos os tipos de turismo.

Muitas vezes, a ideia de turismo sustentável fica vinculada apenas às modalidades alternativas de turismo (Sharpley, 2000), ou seja, àqueles tipos chamados de responsável, brando, *soft*, ecológico, endêmico, de baixo impacto, alternativo (Ruschmann, 2002). Apesar de receberem inúmeros termos na literatura, em geral essas experiências compartilham alguns traços: lugares extraordinariamente conservados, pequena escala de visitação, indústria controlada localmente e atenção especial para com o respeito à capacidade de carga ambiental e social (Griffin e Boele, 1997).

Mesmo que essas diretrizes possam ser consideradas pertinentes diante da preocupação com o equilíbrio ecológico e ambiental dos destinos turísticos, o entendimento do turismo sustentável extrapola tais modalidades alternativas de turismo por três razões.

Em primeiro lugar, essas modalidades tendem a enfatizar a dimensão ambiental da sustentabilidade em detrimento de seus demais fundamentos, chegando a confundir-se com o segmento de ecoturismo. A discussão sobre as diferenças entre turismo sustentável e ecoturismo já avançaram o suficiente,[20] mostrando que o chamado ecoturismo pode ou não ser alinhado às premissas de sustentabilidade, a depender do modo como é implementado. Portanto, seria inocente supor que toda operação ligada a ecoturismo, ou turismo de base comunitária, ou turismo voluntário seria passível de ser chamada de sustentável. Estes são nichos ou segmentos de turismo que podem ser desenvolvidos de forma mais ou menos sustentável, como todos os outros segmentos.

Em segundo lugar, esse viés analítico pode resultar na redução das possibilidades de compreender a realidade, pois grande parte dos destinos turísticos não se alinha a essas características intocadas (Harrisson, 1996; Liu, 2003). Ademais, a representatividade do turismo de pequena escala no conjunto da atividade turística mundial é extremamente baixa se comparada ao chamado turismo de massa ou de larga escala, assim como os potenciais danos de suas práticas irresponsáveis.

Em terceiro e último lugar, porque a sustentabilidade adere ao produto ou ao serviço como uma abordagem, um processo, mas não é, em si, um produto. Reforça-se o coro da necessidade de se tratar a questão da sustentabilidade não como rótulo de uma ou outra modalidade turística, mas como um princípio necessário à garantia de sobrevivência de empreendimentos e destinos em longo prazo. O argumento central aqui é que mesmo aqueles considerados os "vilões" do turismo (*resorts*, empresas de cruzeiros, aviação etc.) podem ter seus impactos negativos minimizados e orientação rumo à sustentabilidade, a depender das posturas responsáveis que adotam (boxe 1).

---

[20] Para este assunto, ver Swarbrooke (2000).

Boxe 1 – Reserva de vida selvagem em um *resort* de luxo em Dubai

> O Al-Maha Desert Resort é um luxuoso *resort* construído pelo príncipe de Dubai. Em seus arredores, foi criado um parque nacional, que atualmente é a maior reserva de vida selvagem do Oriente Médio. A Reserva de Conservação de Dubai tem 225 km² e é dividida em quatro partes, incluindo uma zona onde não é permitida a presença humana, com exceção de pesquisadores a pé. O parque reintroduziu uma série de espécies e oferece proteção a espécies endêmicas como o oryx (um tipo de antílope até então em risco de extinção). O *resort* também conta com uma série de medidas ecologicamente sustentáveis, como o uso de energia solar e reciclagem de água. Ainda, 15% dos funcionários do estabelecimento trabalham em programas de conservação financiados por lucros do próprio *resort*.

Fonte: adaptado de Lorimer (2006).

O maniqueísmo está presente na associação que muitos fazem do turismo de pequena escala com o turismo sustentável (lado do bem) e do turismo de larga escala, ou de massa, com o turismo degradante (lado do mal). É inegável que uma menor escala de exploração pode possibilitar maiores chances de regulação e de gestão de impactos negativos, bem como de encontros de qualidade entre os que chegam e os que vivem no lugar. Entretanto, esta regra dualista pode revelar-se espúria porque quando se assume que o turismo de pequena escala é sustentável tende-se a desconsiderar os desequilíbrios que ele pode gerar em comunidades especialmente frágeis e ecossistemas intocados anteriormente.

Retirar a possibilidade de incluir a sustentabilidade como padrão para a busca de soluções dos problemas causados pelo turismo de massa pode levar a ignorar grande parte dos dilemas do mundo real que clamam por soluções. Conforme o entendimento mais atual, onde há turismo de massa, possivelmente haja maior carência de preceitos de sustentabilidade (Swarbrooke, 2000; Dias, 2003; UNWTO, 2004) e maior necessidade de alternativas para gerenciar seus grandes impactos, a fim de favorecer os preceitos da sustentabilidade.

Sob a influência da obra de Krippendorf (1987), alinhado à noção de sustentabilidade, tem sido enfatizado o conceito de turismo responsável como um estímulo para que operadores, governantes e turistas responsabilizem-se por tornar o turismo mais sustentável. Esse conceito vem de 2002, quando foi realizada a primeira conferência em turismo responsável conhecida como Conferência da Cidade do Cabo,[21] da qual resultou uma declaração que mostra que as atividades turísticas responsáveis têm as seguintes características:

- minimizam impactos negativos nos campos ambiental, social e cultural;
- geram benefícios econômicos para as pessoas do local e ampliam o bem-estar das comunidades residentes por meio da melhoria das condições de trabalho e de acesso ao setor;
- envolvem pessoas do local nas decisões que afetam suas vidas e suas oportunidades;
- contribuem positivamente para a conservação do patrimônio natural e cultural e para a manutenção da diversidade;
- oferecem melhores experiências turísticas por meio de ligações mais significativas com as pessoas do local e promovem maior entendimento entre questões locais, culturais e ambientais;
- oferecem acesso para pessoas que enfrentam dificuldades físicas;
- são sensíveis às culturas e estimulam o respeito entre turistas e anfitriões.

---

[21] Ver: <www.responsibletourismpartnership.org/CapeTown.html>. Acesso em: 20 dez. 2011.

Ainda que a conceituação aqui adotada não seja restrita a um nicho de turismo, são identificados segmentos alternativos que se destacam na tentativa de aplicar os preceitos da responsabilidade, como o turismo de base comunitária (TBC) (boxe 2) e o turismo voluntário (boxe 3).

As iniciativas podem ser vistas como responsáveis (em sua contribuição para a efetivação das premissas da sustentabilidade) quando oferecem alternativas para promover desenvolvimento local, conservação da biodiversidade e inclusão social em áreas pobres, como é o caso de algumas experiências bem-sucedidas em Botsuana, Moçambique e África do Sul (Spenceley, 2008). Ambos os nichos guardam em comum dois aspectos: a noção de que a interação entre turistas e moradores em sintonia pode promover melhores condições de vida para as comunidades anfitriãs e a de que tal experiência pode promover mudanças na perspectiva de mundo dos turistas, geralmente provenientes de realidades de abundância e conforto. Eles se diferenciam, basicamente, na conotação filantrópica que está ligada ao turismo voluntário, mas não ao TBC, que é calcado na autogestão e no protagonismo das comunidades receptoras na gestão e oferta do turismo.

Outros traços que definem as experiências de TBC são: associativismo, coletivismo, democratização de oportunidades e benefícios, pequena escala – relacionada aos recursos locais disponíveis –, encontros com os habitantes do local, bem como a repartição dos resultados positivos (Irving, 2009; Brasil, 2010). Ainda que tenha tais características comuns, a oferta turística ligada ao TBC apresenta uma diversidade de feições e pode ser centrada em aspectos culturais da comunidade, em atrativos naturais (Brasil, 2010), bem como ser realizada em ambientes rurais ou urbanos.

Apesar de suas características interessantes, o turismo comunitário sofre de deficiências próprias e recorrentes em várias experiências, a exemplo da ausência de profissionalização tanto na operação quanto no gerenciamento, improviso, falta de conhecimento do mercado, escassa infraestrutura, oferta dispersa, heterogeneidade na qualidade dos produtos e serviços, deficiência nos mecanismos de comercialização etc. (Maldonado, 2009).

A fim de transpor inúmeros desafios, como aqueles mencionados por Dixey (boxe 2), as iniciativas de TBC tendem a se organizar em redes, a fim de superar, especialmente, os obstáculos de comercialização. Diversos são os exemplos de redes de TBC no Brasil e em toda a América Latina, tais como a Rede Brasileira de Turismo Solidário e Comunitário (Turisol), a Rede Tucum, Rede de Turismo Comunitário da América Latina (Redturs), entre outras.[22]

Boxe 2 – Turismo de base comunitária no continente africano: conceitos e desafios

> O turismo de base comunitária (TBC) ocorre quando a comunidade local tem autonomia na tomada de decisão, direção e gestão, e uso/direito de propriedade dos recursos turísticos, bem como quando a comunidade é a principal beneficiada diretamente/indiretamente nas iniciativas da atividade turística. Além disso, para que se cumpram os objetivos do desenvolvimento do TBC, algumas características notórias do turismo responsável são importantes, especialmente no sentido de trazer benefícios mais eficientes para a população local.
>
> No âmbito de sua pesquisa e atuação profissional, a especialista inglesa Louise Dixey* mostra que, na África subsaariana, o desenvolvimento do TBC foi significativamente facilitado, tendo em vista a participação ativa do Estado no tocante ao desenvolvimento de políticas de gestão de base comunitária dos recursos (*community-based natural resources management* – CBNRM). Essa abordagem tem o objetivo de "reforçar o potencial e as bases para a participação comunitária na gestão dos recur-

---

[22] Uma lista mais completa das redes e contatos pode ser encontrada em: <www.ivt-rj.net/ivt/pagina.aspx?id=283&ws=0>. Acesso em: 20 dez. 2011.

sos naturais através da criação de incentivos econômicos para a conservação da biodiversidade, muitas vezes através do turismo", inclusive por meio de parcerias entre comunidades e setor privado (frequentemente apoiadas por agências de fomento).

Dixey ressalta a necessidade de explorar os processos político-econômicos como entraves para o sucesso do TBC. Em um cenário macro de exclusão, desapropriação e transição para o liberalismo, juntamente a uma realidade micro, na qual as iniciativas do TBC devem sobreviver em um mercado de alta competitividade, o resultado são iniciativas economicamente insustentáveis, dado o privilégio ao atendimento de outras necessidades. Em resumo, os obstáculos abrangem o empreendedorismo amador e a falta de capacitação, bem como a dependência de empresas financiadoras exógenas e as dificuldades de implementação do TBC em áreas periféricas do turismo. Ademais, surge a preocupação sobre a falta de monitoramento das atividades no tocante à responsabilidade e ao desempenho, já que muitos projetos não têm contribuído para a redução da pobreza ou para a conservação ambiental, bem como vêm desperdiçando recursos técnicos, financeiros e da comunidade.

Ainda que se entenda que não é possível fazer generalizações para o TBC em continentes inteiros e complexos, como a América do Sul e a África, Dixey identifica uma das maiores dificuldades para viabilizar o TBC: a dificuldade de acesso ao mercado, exemplificada por associações como: Uganda Community Tourism Association, Namibia Community Based Tourism Assistance Trust e Gambian Association of Small-Scale Enterprises in Tourism. Por outro lado, destaca os avanços dos ´programas de turismo cultural da Tanzânia e de comércio justo no turismo da África do Sul, que certificam e comercializam projetos de TBC, enfatizando, assim, a necessidade da eficiência na comercialização dos produtos, potencializada por relações comerciais com empresas de turismo e marketing de destino.

Não obstante muitas iniciativas fracassadas, as condições de sucesso para iniciativas de TBC, para a pesquisadora, são resumidas em 13 lições aprendidas, entre as quais destacam-se três: a ação proativa do Estado, em termos de apoio às iniciativas; a profissionalização da organização da comunidade, a fim de melhor gerenciar as atividades; e a articulação conjunta das ações empreendedoras de TBC, através de parcerias estratégicas e maximização nas relações da cadeia produtiva local. Entre as condições para viabilizar um percurso de sucesso, destacam-se também:

- "apoio técnico de longo prazo para a avaliação da viabilidade do negócio, acesso a crédito, treinamento, inserção no mercado e para evitar a dependência externa";
- "elaboração de um plano de negócios desde a fase de concepção da ideia do empreendimento (antes do desenvolvimento) que incorpore a viabilidade financeira, requisitos legais, marketing, distribuição e gestão de benefícios";
- "desenvolvimento de negócios ambientalmente, socialmente e culturalmente responsáveis".

Vale notar certas iniciativas de TBC que tiveram impactos significativamente positivos, embora ainda em pequena quantidade. Dixey cita: Kawaza Village Tourism Project (KVTP), na Zâmbia; Bulungula Lodge, na África do Sul e Sankuyo Tshwaragano

> Management Trust (STMT), em Botsuana. Em relação às ações de marketing desses exemplos, contam com a recomendação informal, a divulgação especializada em viagens, além de apoio de agências de viagens, autoridades nacionais e conselhos regionais de turismo.
>
> Sobre o último exemplo (STMT), esse se localiza próximo à Reserva Moreni Game, no pântano de Okavango, com uma população próxima a 700 habitantes. Destaca-se por seu pioneirismo, em função de uma parceria inovadora, desde 1995, apoiada pelo Departamento de Vida Selvagem e Parques Nacionais de Botsuana, além de diversos financiadores. A parceria permite que a comunidade mantenha metade da propriedade do empreendimento turístico, cujas atividades incluem uma área de *camping* e um vilarejo cultural. São substanciais os benefícios para a população local, desde a geração de postos de trabalho até a distribuição de carne e bolsas de estudo, que são possíveis graças à expressiva receita anual da parceria, cerca de US$ 238 mil em 2005 (vindos do arrendamento da terra, doações da empresa de turismo e venda da cota de caça).

Fonte: adaptação de entrevista concedida a Ivan Bursztyn, do Instituto Virtual de Turismo (IVT).[23] Na íntegra em: <www.ivt-rj.net/ivt/indice.aspx?pag=n&id=11623&cat=%20&ws=0>. Acesso em: 20 dez. 2011.

* Louise Dixey é doutoranda pelo Centro Internacional do Turismo Responsável (International Centre of Responsable Tourism – ICRT) e professora da Leeds Metropolitan University, na Inglaterra.. Além disso, tem vasta experiência em consultoria em turismo em países do continente africano e no Caribe, especialmente voltada para turismo responsável.

No Brasil, o TBC tem sua origem na década de 1990, e a sensibilidade da política pública federal de turismo em relação ao TBC é mais recente ainda. Foi em 2008 que começaram os incentivos a tais projetos comunitários no âmbito do Ministério do Turismo, por meio de um edital de fomento a iniciativas já em operação.[24]

---

[23] Agradeço pela permissão para publicar um resumo da entrevista, divulgada na íntegra no website do IVT.

[24] O edital de apoio contribuiu também para se conhecer o panorama do segmento no país, atraindo 500 propostas de todo o Brasil, entre as quais 50 foram selecionadas para ser fomentadas. Para conhecer todas as iniciativas, ver: <www.ivt-rj.net/ivt/pagina.aspx?id=286&ws=0>. Acesso em: 21 dez. 2011.

O caso mais emblemático e reconhecido no país por seu pioneirismo é a Prainha do Canto Verde (CE). Trata-se de uma comunidade de pescadores de Beberibe, situada a 126 quilômetros de Fortaleza. Lá vivem cerca de 1.100 pessoas que, por meio do seu pacto social, conduzem o turismo de forma comunitária, tornando-o uma atividade complementar à pesca. Muitos foram os obstáculos enfrentados, inclusive no que diz respeito à questão fundiária. Apoiados por organizações como o Instituto Terramar e lideranças comunitárias, eles decidiram construir alojamentos nas casas dos pescadores e gerenciam esta prestação de serviço de forma coletiva.[25]

Uma experiência bem-sucedida de TBC na América Latina foi encontrada nos *pueblos mancomunados*, na cidade de Oaxaca, México (boxe 3). A iniciativa é gerenciada por oito povoados, de forma participativa, respeitando e integrando questões socioculturais e ambientais. Chamam a atenção o modo como a atividade turística se desenvolve e gera benefícios coletivos, bem como os aspectos ligados à comercialização. O sistema de governança do TBC nos *pueblos*, baseado nas tradições, tem se apresentado como um diferencial para o sucesso do projeto.

Boxe 3 – Pueblos mancomunados (Oaxaca, México) e a Sierra Norte Expediciones: tradição e inovação no TBC

> Benito Juárez, La Nevería, Cuajimoloyas, Llano Grande, Latuvi, Lachatao, Amatlán e Yavesía são os oito *pueblos mancomunados*, compostos por indígenas de origem zapoteca, que têm desenvolvido uma experiência de TBC que alia aspectos tradicionais e inovadores. Os povoados estão situados em uma área protegida localizada na Serra Norte, em montanhas que têm uma elevação média de 3 mil metros e ficam situadas a cerca de uma hora e meia de viagem da cidade de Oaxaca. As atividades principais realizadas nas terras comunitárias são a agricultura, o pastoreio e o extrativismo de água e madeira, além do turismo.

---

[25] Informações coletadas em entrevistas com lideranças comunitárias e do Instituto Terramar em julho de 2008, complementadas por informações disponíveis em Coriolano (2009) e Cruz (2009).

A criação de uma organização comunitária para implementar um projeto de ecoturismo foi realizada pela Assembleia Comunitária em 1997, segundo as normas tradicionais desses povoados. Assim, surgiu a Sierra Norte Expediciones, organização de propriedade comunal, sem fins lucrativos, envolvida com projetos produtivos, educativos e de preservação ambiental. Entre os objetivos almejados pela atuação do projeto de ecoturismo estão: o incremento da capacidade dos membros das comunidades para a proteção do patrimônio cultural e ambiental, o estabelecimento de uma estratégia de exploração sustentável desses recursos, a integração de conhecimentos atuais e tradicionais no desenvolvimento das comunidades, a geração de oportunidades de emprego para os membros da comunidade e o estabelecimento de um modelo que sirva de exemplo para outros povoados.

O início do empreendimento de turismo comunitário não foi fácil e contou com muita descrença por parte das autoridades locais de Oaxaca, já que o turismo na região montanhosa era inexistente. Como conta o coordenador e um dos pioneiros do projeto, sr. Contreras, as pessoas pensavam: "Quem iria querer vir aqui? O que os *pueblos* têm para mostrar?" Essa era uma concepção encontrada tanto na secretaria de turismo quanto entre alguns moradores dos povoados, e que teve de ser trabalhada aos poucos. Apesar das resistências, alguns dos indígenas traçaram as primeiras rotas, baseadas no deslocamento ancestral que ocorre entre os povoados, e buscaram recursos. Sem conhecer um modelo que pudessem seguir, os *pueblos* conceberam um esquema próprio para o desenvolvimento do turismo, dentro de uma premissa de desenvolvimento regional para os povoados da Serra Norte. Após escreverem um projeto, obtiveram apoio da embaixada do Canadá, bem como auxílio técnico da universidade local para a definição da capacidade de carga, entre outros estudos.

Dentro do projeto, são oferecidas rotas guiadas, a pé ou de bicicleta, em trajetos que variam de um a cinco dias de viagem. Em virtude de sua riqueza biológica, tais rotas são consideradas percursos únicos pelo Fundo Mundial da Natureza. Um guia local acompanha os turistas e dá explicações sobre o modo de vida e a etnobotânica ligada aos "povoados das nuvens", como se autodenominam. Além dos passeios, os *pueblos* oferecem hospedagem em alojamentos comunitários, bem como promovem eventos que propiciam o contato com sua cultura e com a natureza, a exemplo da Feira de Cogumelos Silvestres, realizada anualmente. Há ainda outras atividades realizadas nas comunidades, tais como tirolesa, temazcal etc. A alimentação também é provida pelos restaurantes comunitários dos povoados, garantindo a manutenção dos ganhos para a comunidade.

O crescimento da demanda é expressivo e obedece às regras de capacidade de carga, conforme enfatiza o coordenador, sr. Aquilino Contreras. No ano de 1999, somente 20 turistas participaram das atividades. Já em 2005, totalizaram 11 mil turistas e, em 2010, o número de pessoas foi de 18 mil. Houve ainda uma mudança no perfil dos turistas que, no início do trabalho, eram, em sua totalidade, estrangeiros. Atualmente, os turistas domésticos (mexicanos) chegam a 45% da demanda.

> Em termos comerciais, a Sierra Norte Expediciones apresenta avanços ao fazer três tipos de venda: a venda direta para o turista, centralizada no escritório e no website; a venda direta descentralizada, realizada nos povoados, e a venda para outras agências que fazem pacotes que incluem esta atividade. Quando comprado diretamente no escritório, o custo do passeio de um dia é de cerca de US$ 50 por pessoa, em grupo de até quatro turistas. A hospedagem, que pode ser individual ou coletiva, varia de US$ 15 a US$ 40. Quanto à promoção e distribuição, a empresa comunitária conta com website, um escritório na cidade de Oaxaca e escritórios locais em cada *pueblo*. Além disso, a atividade é mencionada no maior guia internacional de turismo independente (Lonely Planet) e em redes sociais ligadas ao turismo, como o Trip Advisor.
>
> São visíveis os benefícios gerados pelo turismo nos *pueblos*. Em um deles, Cuajimoloyas, durante o passeio o guia, sr. Dionísio, indica inúmeras benfeitorias a partir do recurso advindo do turismo, anualmente empregado em algo que a comunidade decide em seu órgão colegiado. Já foram feitos investimentos na estrada, em cabanas para alugar para turistas, nas escolas, no calçamento da via principal da comunidade, entre outros. Apesar dos nítidos ganhos econômicos e de infraestrutura, o guia entrevistado ressalta o contato com outras culturas como um dos benefícios sentidos pelas comunidades. Ainda não são identificados por eles problemas advindos do turismo, possivelmente porque as regras de conduta são claras e explicitamente repassadas aos turistas que visitam a região.
>
> O sistema de cargos é um elemento fundamental para a governança e gestão dos bens comuns, assim como do projeto de TBC. Nos *pueblos*, ser guia de turismo não consiste em um emprego ou trabalho individual, mas em uma prestação de serviço à comunidade, por meio de um cargo ocupado por um cidadão indicado anualmente pela comunidade. Assim, os guias não são remunerados, e todos os recursos angariados com o turismo são empregados em alguma benfeitoria coletiva. Pode-se verificar que a gestão do TBC nos *pueblos mancomunados* está assentada sobre a tradição, e apresenta respostas muito interessantes para desafios contemporâneos.

Fontes: <www.sierranorte.org.mx/home/index.php>. Observação e entrevista com o coordenador e um guia do projeto, em julho de 2011.

Após revisar aspectos do segmento alternativo de base comunitária, passa-se ao turismo voluntário. São poucas as referências nacionais sobre o tema e baixa é a inserção do Brasil em atividades turísticas que vão nesse sentido. O boxe 4 introduz o tema e apresenta alguns dados.

Boxe 4 – Turismo voluntário: viajando para fazer a diferença

Turismo voluntário, ou *voluntourism*, é uma forma de produzir e vender a atividade turística que combina motivações altruístas com a busca por aventura, entretenimento e autodesenvolvimento por parte dos turistas. Esta é uma tendência que se observa no turismo internacional, especialmente explicada pelos desejos de imersão cultural e de "fazer diferença", mais evidentes em culturas em que se tem o hábito de parar um ano antes de começar a faculdade ou durante um ano sabático na carreira profissional.

Elisa Burrai, italiana, doutoranda em Turismo Responsável (ICRT) no Reino Unido e estudiosa do tema, diz que "turismo voluntário é um setor que cresce rapidamente e apresenta diversas complexidades". Uma das primeiras questões está na própria definição do termo. Para Elisa, voluntourismo tem sido definido principalmente pela mídia e combina dois conceitos essencialmente muito diferentes entre si". Elisa esclarece que, "por um lado, voluntários são aqueles que fazem algo especialmente para ajudar outras pessoas, sem serem forçados ou pagos para isso. Por outro lado,, turismo é primariamente um negócio que provê serviços, como acomodação, entretenimento para os hóspedes e transportes". Isso já indica os novos aspectos que nascem dessa combinação, implícita nesse novo segmento do turismo. Em poucas palavras, Burrai define o turismo voluntário como aquele que combina motivações altruístas com necessidades dos voluntários de satisfazer suas necessidades, a exemplo da busca por autodesenvolvimento. Dentro desta perspectiva, o turismo passa a ser uma atividade não apenas lúdica, de descanso ou de fuga da realidade que se vive, mas sobretudo de inserção social, interação com comunidades carentes e realização pessoal. O turismo voluntário realça as capacidades esperadas de um turismo mais responsável social e ambientalmente, que alivia as pressões sobre a natureza ao mesmo tempo que se preocupa em melhorar a vida das pessoas do local.

Guias de viagens independentes como o Lonely Planet começam a divulgar tais iniciativas a um público predominantemente jovem. Diversas são as opções de atividades, duração e empresas especializadas para quem prefere viagens organizadas profissionalmente e deseja se tornar um turista-voluntário que, claro, paga por todas as despesas como em qualquer outro pacote de viagem.

A I-to-i Volunteering oferece opções em 25 países, quatro continentes, sendo mais populares os destinos na África, Ásia e América Latina. Entre as atividades estão a construção de casas para famílias na Costa Rica ou Honduras; a assistência a orfanatos e crianças em situação de risco no Quênia ou no Vietnã; projetos de conservação de vida silvestre em Galápagos, de orangotangos na Malásia ou de leões na África do Sul.

O turismo voluntário começa a apresentar rebatimentos no Brasil, onde turistas estrangeiros chegam para trabalhar em barracões de escolas de samba, em projetos sociais no Rio de Janeiro ou Florianópolis, em creches em Salvador ou São Paulo. Não apenas

> operadoras de turismo, mas também ONGs passam a organizar programas de voluntariado para estrangeiros, mudando a conformação da cadeia produtiva do turismo. A Associação Iko Poran, como exemplo, tem programas para turistas internacionais no Rio de Janeiro que podem ser iniciados a qualquer momento ao preço de R$ 1.500,00 (primeiras quatro semanas ou menos). Os programas têm duração de três a 24 semanas com esquemas de trabalho de 10 a 20 horas semanais, em média.
>
> Nos mercados onde o segmento é mais evidente, surge uma forte pressão social sobre a maneira como algumas empresas vêm operacionalizando esta forma de turismo, que deveria carregar em si princípios de responsabilidade e sustentabilidade. Algumas das críticas estão registradas no fórum Turismo Irresponsável (Irresponsible Tourism) organizado pelo diretor do International Centre for Responsible Tourism, professor Harold Goodwin. As operadoras de turismo voluntário estão sendo cada vez mais pressionadas para que sejam transparentes na forma que os recursos são aplicados e justas na divisão de tais ganhos. Respondendo a esta necessidade, empresas como a People & Places demonstram para onde seu dinheiro vai na compra de um programa de turismo voluntário. Ainda são necessários avanços na compreensão dos benefícios que a interação gera para os anfitriões, principalmente em função dos curtos períodos de estada dos voluntários.

Fonte: entrevista com Elisa Burrai (realizada em 10/10/2009), <www.i-to-i.com/volunteer-projects> Acesso em: maio 2009.

Atualmente, não basta a roupagem de "segmento alternativo" para se inferir que se trata de um turismo sustentável ou responsável, já que coexistem resultados animadores sobre essas práticas, ao lado de outros negativos. Têm sido iniciadas pesquisas com viés crítico, em busca de apurar seus reais benefícios para o ambiente e para a sociedade, sejam comunidades urbanas ou rurais. Elas expõem que a crença absoluta nestes segmentos como sustentáveis é ultrapassada, mas que os esforços são crescentes para que sejam implementados de modo responsável.

Ciclo de vida dos destinos turísticos: uma visão dinâmica da sustentabilidade

Os destinos turísticos, quando analisados ao longo do tempo, apresentam modificações em seus recursos e em seu mercado consumidor, o que nos impõe a necessidade de pensar a sustentabilidade de modo mutável, não estático. Os ciclos simbolizam a natureza dinâmica da vida do destino e ajudam a modelar as interações entre variáveis-chave, como o número de turistas, além de permitirem relacionar as preocupações acerca da sustentabilidade do destino turístico.

A abordagem cíclica revela que o turismo usa recursos finitos e pode gerar seu próprio declínio quando promove mudanças nas características iniciais dos atrativos turísticos sobre os quais o destino foi construído. Do ponto de vista da competição no mercado do turismo, os diferenciais do destino para competir com outros podem ser reduzidos quando afloram efeitos negativos sobre o meio ambiente, prejudicando seu potencial de atração, em relação a outras localidades que atendem a um público semelhante, e reduzindo a demanda turística (Hassan, 2000; Carús-Ribalaygua, 2003).

O modelo de Johnston e Tyrrell (2005) mostra que o aumento do número de turistas, quando as demais variáveis se mantêm constantes, eleva a lucratividade dos negócios, que é a expectativa central das empresas de turismo no curto prazo. E a lucratividade só tende ao aumento se as condições ambientais são mantidas ou melhoradas, porque os turistas estariam propensos a pagar mais pelo produto turístico. Caso contrário, os recursos se desgastam e o destino é, paulatinamente, abandonado pelo turista exigente.

A saída para esse problema seria reduzir os preços, aumentar os fluxos (em quantidade de pessoas) e reduzir a lucratividade marginal por turista. No entanto, a aparente solução tem o potencial de inaugurar um círculo vicioso de destinos deteriorados: baixa lucratividade, baixo reinvestimento, crescente necessidade de atrair mais e mais turistas carentes de sensibilização para cuidar do local, que tendem a impactar ainda mais negativamente o ambiente. Como resultado da queda de qualidade ambiental e da redução de lucros marginais das empresas, pode-se esperar impactos negativos ampliados no nível de emprego, na dinâmica de migração e na qualidade de vida da população, entre outros aspectos.

Um caso no contexto nacional que exemplifica essa problemática é o de Porto Seguro. A cidade iniciou a recepção de turistas na década de 1960 e, desde então, ainda na década de 1970, cresceu e recebeu incentivos estaduais para se tornar um polo turístico (tais como estradas, investimentos em meios de hospedagem etc.). Mais tarde, nos anos 1990, recebeu incentivos federais dentro do Prodetur Nordeste e atraiu grandes investidores, o que fez ampliar ainda mais o fluxo de turistas na alta estação. Porém o inchaço e a ocupação desordenada, além da carência de infraestrutura básica, ocasionaram problemas visíveis sobre a produção de lixo e esgoto, o deslocamento das populações e a descaracterização da paisagem. Existe, atualmente, uma queda significativa de preços de pacotes, ao lado do esforço para comercializá-los em grande escala (Carvalho, 2008).

Esse exemplo atesta que o destino turístico que negligencia a sustentabilidade em longo prazo pode degradar os atrativos, distorcer as vantagens competitivas e não ter produtos turísticos limpos e autênticos. Em outras palavras, a depender do modo de conduzir as ações em busca de resultados positivos em curto prazo, pode-se exercer uma influência na contramão do que seria a proposta de uma estratégia de desenvolvimento sustentável e da construção de um destino turístico competitivo.

A análise combinada entre qualidade da demanda e da oferta, e dos resultados sobre o destino, nos impele a superar o antagonismo entre as noções de competitividade e sustentabilidade. Elas são condições entrelaçadas para o sucesso e sobrevivência a longo prazo de um destino turístico, seus negócios, sua base natural, sua potencialidade de gerar benefícios socioeconômicos para a população.

Essa ideia, de forma simplificada, está presente no modelo do ciclo de vida dos destinos (*tourism areas life cycle* – Talc) de Butler (1980) amplamente utilizado e divulgado pela academia. Baseado no marketing de produtos, o Talc é um modelo do estudo da evolução de destinos. A curva hipotética em forma de sino é composta por fases, como mostra esquematicamente a figura 2:

- o surgimento do destino com o envolvimento e a exploração do turismo;
- o desenvolvimento;
- a consolidação;
- a estagnação;
- o declínio; ou
- possível rejuvenescimento das atrações.

Figura 2 – Modelo do ciclo de vida de destinos turísticos

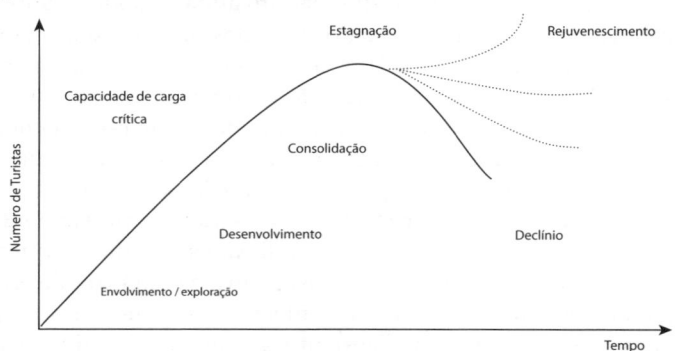

Fonte: Butler (1980)

O modelo considera o número de turistas, a capacidade de carga e a atratividade do local ao longo do tempo. Em linhas gerais, parte do pressuposto de que, no início, existem turistas com um perfil explorador e em baixa quantidade, poucas facilidades de acesso e muito contato com os habitantes locais. Entretanto, a divulgação faz o local se tornar mais popular e atrair mais pessoas, mudar o perfil do turista e aumentar a infraestrutura até o ponto em que a qualidade ambiental, física e social seja afetada negativamente. Isso pode levar a um declínio da atratividade do destino, principalmente quando se baseia em recursos naturais ou históricos.

Ainda que seja considerada a teoria clássica da evolução dos destinos (Valls, 2006) e represente o mais significativo paradigma sobre o desenvolvimento de destinos (Lundtorp e Wanhill, 2001), o Talc tem sofrido diversas críticas (Evans, Campbell e Stonehouse, 2003). Entre elas, Weaver (2000) aponta que a trajetória do modelo é apenas um cenário do que pode ocorrer, com pouca correspondência real.

Obviamente, nem todos os destinos experimentam ciclos tão claros (Butler, 1980), o que não invalida o modelo. Sob o espectro da sustentabilidade dos destinos, uma de suas principais contribuições é esclarecer que os atrativos turísticos não são infinitos e nem sempre são renováveis, a fim de provocar consciência sobre a necessidade de protegê-los. O modelo traz também uma noção de dinâmica e incerteza, questionando o pressuposto implícito no planejamento do turismo de que uma área hoje turística assim o será indefinidamente.

Considerar tal modelo conduz à reflexão sobre outras questões: somente é possível promover turismo dentro de um padrão sustentável em sua fase inicial, com poucos turistas, pouca intervenção em infraestrutura e impactos reduzidos?

Não seria essa uma visão muito reducionista da aplicação dos preceitos da sustentabilidade? Seriam as fases de estagnação e de declínio do destino possíveis respostas às demandas da sustentabilidade, como o decrescimento da atividade turística?

O exemplo de Calviá, situada em Maiorca (ilhas Baleares/Espanha), indica que restrições ao crescimento (ou o fomento ao decrescimento do setor turístico) podem ser adotadas para prevenir o esgotamento dos recursos. Lá se decidiu coletivamente pela demolição de alguns hotéis e pela restrição das áreas designadas para a construção de acomodações, com a meta de conter o crescimento da oferta de leitos, ao lado da limitação das licenças para construções ao longo do ano (Goodwin, 2006).[26]

Dentro desse contexto dinâmico, três aspectos merecem ser ressaltados:

- a busca pela sustentabilidade do turismo não deve se restringir aos destinos turísticos de nicho e baixa escala. Isso abre potenciais soluções para locais intocados, mas condena todos os demais a uma rota de autodestruição;
- a redução de fluxo ou a estagnação do crescimento da atividade turística, em alguns destinos, pode ser uma solução plausível para revalorizar o destino e garantir, no longo prazo, um modelo mais sustentável para seu turismo;
- e, por fim, as soluções para um desenvolvimento mais sustentável do turismo devem estar ancoradas no momento de vida de cada destino turístico.

---

[26] Curso de Harold Goodwin "Issues in destination sustainability", ministrado em fevereiro de 2006 no International Centre for Responsible Tourism, Leeds, UK.

Como resposta à necessidade de ampliação da aplicabilidade dos princípios da sustentabilidade, bem como a compreensão de que se deve tratar de modo diferente os destinos diferentes, os quatro estágios do turismo em cada destino devem ser levados em consideração (Hunter, 1997).

O primeiro é chamado *pré-turismo*. Significa que, em locais com clara ligação entre pobreza e deterioração ambiental que não apresentem atividade turística e que tenham potencial de atração, o turismo pode surgir como alternativa para romper o ciclo de pobreza ao oferecer alternativas para a população. Nesse caso, o turismo que contribui para a sustentabilidade pode ser entendido como aquele que gera alternativas menos degradantes do que as atividades previamente estabelecidas (mineração, pesca predatória, caça de animais, desmatamento, degradação de mangues etc.), podendo até funcionar como um inibidor para a instalação de atividades mais danosas do ponto de vista socioambiental.

O segundo estágio é representado pelos *destinos iniciantes*, ou seja: os locais que estão nos primeiros passos do ciclo de vida do turismo. Diretrizes de turismo sustentável podem, inclusive, desencorajar a existência do próprio turismo ou limitar fortemente sua ocorrência em função da conservação. Nesse caso, prevaleceria o desejo de manter os atributos originais do local, podendo incorrer em licenças restritivas para acesso e construção.

No terceiro estágio encontramos os *destinos em desenvolvimento*, que são áreas com turismo recente e ligação valorativa direta com aspectos ambientais. Neles, a promoção do turismo sustentável inclui aplicação de preceitos da capacidade de carga, melhoria de tecnologias para uso dos recursos, realização de zoneamento, imposição de limites de acesso a certas áreas, refinamento de experiências turísticas que fazem uso de atributos naturais e reorientação das posturas empresariais por meio de estímulos e punições.

Finalmente, o quarto estágio são os *destinos consolidados*, entendidos como antigos enclaves que têm suas economias baseadas na atividade turística e que já sofreram grandes impactos ambientais. Nesse caso, diretrizes de turismo sustentável perpassam a tentativa de manutenção desses locais, que já iniciaram um processo de decadência, evitando a quebra da economia local com a falência da estrutura produtiva. A queda abrupta do número de turistas possivelmente geraria redução de empregos, de renda e de lucratividade nos negócios. Ainda que a qualidade ambiental fosse restabelecida, dificilmente as perdas socioeconômicas poderiam ser reparadas para os moradores e empresários locais. Em nome da sustentabilidade do local, seria necessário um processo de redução paulatina da dependência do turismo como atividade econômica única, minimizando a danosa "monocultura do turismo". Além disso, a atividade turística deveria relacionar-se com seu entorno, geralmente excluído do processo anterior, a fim de evitar degradação dos arredores ainda preservados e promover transbordamento dos benefícios para seus arredores. Ademais, poder-se-ia optar pelo decrescimento planejado.

O boxe 5 reforça a concepção de que o turismo sustentável pode ter múltiplas feições quando associado à dinâmica de vida dos destinos turísticos. Portanto, perceber a diversidade pode auxiliar na composição de políticas públicas apropriadas a cada caso, em relação a sua história e a suas tendências futuras, incorporando a sustentabilidade, como padrão de desenvolvimento, à construção da competitividade do destino.

Boxe 5 – Ciclo de vida de destinos turísticos do roteiro integrado Jericoacoara – delta do Parnaíba – Lençóis Maranhenses (Costa Norte)

A Costa Norte é um dos roteiros integrados resultantes do Programa de Regionalização do Desenvolvimento da Atividade Turística no Brasil (MTur, 2005). O roteiro consiste em uma faixa litorânea que perpassa três estados – Maranhão, Piauí e Ceará. Em linha reta, a região totaliza cerca de 300 km e é composta por 12 municípios, organizados em três regiões turísticas: Lençóis Maranhenses, delta do Parnaíba e Jericoacoara. Veja mapa:

Existe grande disparidade da realidade do turismo nas localidades investigadas. Os destinos apresentam estágios de vida bastante diferenciados e forte distinção no que diz respeito não somente ao fluxo de turistas, mas aos serviços turísticos oferecidos, aos rendimentos advindos do turismo e à dependência do turismo como principal atividade econômica. Classificando-os nos quatro estágios, este seria o retrato dos municípios do roteiro:

- pré-turismo: esse estágio assemelha-se à situação de cidades da Costa Norte, tais como Cajueiro da Praia, Barroquinha, Paulino Neves e Tutoia;

- **destinos iniciantes:** Parnaíba e Camocim são as cidades mais independentes economicamente do turismo e mais industrializadas, por isso não se encaixam perfeitamente nessa categoria. Todavia, por serem iniciantes como destinos turísticos nacionais e internacionais, podem ser consideradas exemplos aproximados;
- **destinos em desenvolvimento:** Barreirinhas é a cidade que mais se aproxima dessa situação;
- **destinos consolidados:** Jericoacoara e Luís Correia são os casos mais próximos a essa realidade, sendo a primeira um destino internacional e nacional e a segunda um destino regional consolidado. Ambos já apresentam desgastes ambientais que podem comprometer o futuro do turismo na localidade e grande dependência econômica da atividade turística.

Essa compreensão é crucial para que as políticas desenhadas para o roteiro tenham a dimensão das diferenças do turismo para cada localidade. A diversidade de estágios necessita ser contemplada em ações complementares para a consolidação do roteiro.

Fontes: Costa (2009); Costa e Nascimento (2010).

A análise aqui proposta expõe o crucial entrelaçamento entre competitividade e sustentabilidade, já que a primeira é ilusória sem a segunda (Crouch e Ritchie, 1999). Ou seja, é necessário que o destino seja competitivo ou, em outras palavras, que tenha vantagens competitivas raras, de difícil imitação e de difícil substituição, em relação aos seus concorrentes.[27] Simultaneamente, a atividade turística que ocorre no destino deve assegurar prosperidade, crescimento econômico, comprometimento ambiental e retorno dos investimentos para todos os envolvidos. Tal perspectiva inaugura a concepção mais tarde adotada por Dwyer e Kim (2003), que reconhecem a competitividade dos destinos turísticos[28] como um objetivo intermediário para o alcance do fim maior: a prosperidade regional e nacional.

---

[27] Noção assentada em Barney (1991) e na teoria de recursos.
[28] O tema é rico, extenso e dispõe de trabalhos muito interessantes. Por exemplo: Esser et al. (1994); Hassan (2000); Young (2002); Enright e Newton (2004); Costa e Hoffmann (2006); Hoffmann e Costa (2008)

Parte 2

Mergulho: assuntos específicos

Governança em destinos turísticos: relações entre atores sociais e sustentabilidade

Para viabilizar um uso mais inteligente e menos predatório dos recursos naturais ou socioculturais, a palavra de ordem que encontra eco em muitos discursos, relatórios e políticas públicas é *governança*. Esse é um tema atual e recorrente na discussão sobre sustentabilidade e turismo pelo fato de remeter à coordenação de esforços para gestão de bens de uso compartilhado.

Bens de uso comum são aqueles que têm utilização coletiva, e que apresentam outras duas características: possibilidade de subtração das unidades de recurso e dificuldade de exclusão dos usuários. Assim, o uso excessivo ameaça a manutenção de tais recursos naturais (Ostrom, 2003). Sobre esses bens, as extrações desmedidas feitas pelos indivíduos podem gerar altos custos para todos, podendo levar à destruição ou ao congestionamento. Essa noção é simples e altamente impactante quando analisamos destinos turísticos, especialmente aqueles que se baseiam na atratividade de recursos como sossego, natureza intocada, modo de vida único, patrimônio histórico-cultural preservado etc.

Os destinos turísticos são espaços que servem a populações residentes e a pessoas em trânsito, agregam recursos naturais, culturais e construídos, que tendem a ter usos compartilhados, e muitas vezes conflitantes, por diferentes setores. O turismo nessas localidades, ainda que tenha organismos governamentais que o representem, não encontra uma gestão única ou centralizada, enfim, um "proprietário". Existe não uma figura central, mas um complexo enlace entre empresas, ONGs, moradores, turistas, órgãos de governo em diversas escalas e com diferentes agendas etc. interagindo na conformação daquela realidade, cada qual com seus interesses e prioridades, convergentes ou divergentes.

Quando essa concorrência de interesses se dá sobre recursos de uso coletivo e sem propriedade privada, muitos são os dilemas e dificuldades para que a gestão tenha sucesso dentro de uma perspectiva de sustentabilidade. Dentro desse contexto, existe a propensão de se enfrentar a "tragédia dos comuns" (Hardin, 1968),[29] ou seja, indivíduos que agem racionalmente podem provocar um resultado irracional, como levar recursos livres à escassez, em razão do uso exagerado, mesmo sem essa intenção.

Essa análise fica especialmente mais nítida quando postos em tela aqueles destinos que se baseiam em atrativos naturais

---

[29] Publicada em 1968 por Garret Hardin, *A tragédia dos comuns* parte de uma crítica à crença clássica na ação individual racional que, ao buscar a maximização de interesses individuais, gera como resultado agregado o bem-estar coletivo máximo. Na tentativa de se evitar o esgotamento do recurso comum, o autor propõe dois caminhos: a intervenção direta do Estado ou a gestão descentralizada pelo mercado, por meio da privatização.

de uso comum, tais como praias, parques, florestas etc. Ainda mais evidente é o contorno da possibilidade da tragédia quando se trata de recursos naturais frágeis e com alta demanda por parte do mercado turístico. A fim de satisfazer seus próprios objetivos – que podem ser vender experiências turísticas na praia de Morro de São Paulo, nas dunas de Natal, ou na ilha de Marajó – os indivíduos podem causar o colapso da base natural que atrai o turista e distingue aquele destino de outros.

Veneza é um dos exemplos que Goodwin[30] menciona como icônico da "tragédia dos comuns" aplicada ao turismo. Os recursos coletivos ou de livre acesso da cidade sofrem com os altíssimos níveis de visitação e o congestionamento. No caso, cada empresa e autoridade tenta aumentar o número de turistas no destino turístico a fim de maximizar os ganhos econômicos. As motivações são claras (e racionais): as empresas querem lucrar mais, independentemente de seu porte, e o Estado quer aumentar os níveis de emprego, renda, impostos ou recursos (taxas de admissão) para manter o patrimônio natural ou cultural. O problema ocorre nessa corrida para maximizar os ganhos individuais que, quando somados, não podem ser suportados por aquela base de recursos finita.

Em se tratando de bens de uso comum, grande parte dos economistas entende que existem apenas duas saídas para que a exploração desses bens não recaia na tragédia do sobreuso. Elas seriam a privatização, e o consequente pagamento pelo uso, ou a coerção, alinhando-se aos pensamentos de Hardin (1968) e Olson (1999). Ou seja, soluções que pressupõem a hegemonia do mercado ou do Estado.

---

[30] Material do curso "Responsible tourism management: theory and practice". International Centre for Responsible Tourism, Leeds Metropolitan University, Leeds, UK, 2008.

Ambas as soluções são encontradas no setor do turismo, quer seja pela cobrança de taxas de uso e/ou ingressos (que ocorre em parques nacionais como Fernando de Noronha ou em áreas privadas, como os atrativos situados nas fazendas de Bonito – MS, respectivamente) ou pela realização de concessões de uso a entes privados, que passam a explorar o bem público e a cobrar por isso. A opção do Estado hegemônico pode ser implementada por meio de fiscalização intensiva e multas contra os infratores. Historicamente, já foram evidenciados os resultados de ambos os extremos, que nem sempre são animadores, principalmente para a prioridade de promover desenvolvimento sustentável, aliando preservação de recursos e participação social.

Em contraste, Ostrom (1990), dentro da linha da economia institucional, vê uma terceira saída: a criação de instituições autogovernadas, desde que haja algumas condições de fornecimento, credibilidade e monitoramento, mostrando um caráter multifacetado da governança em prol da melhor utilização dos recursos de uso comum. Essa é a noção que embasa o que se entende, contemporaneamente, por governança. Tal conotação vai além do Estado como "governante exclusivo" e pressupõe a participação dos atores sociais ou *stakeholders* relevantes para o desenvolvimento no território em questão.

Claramente, governança é um termo que tem sido cercado de entusiasmo na última década (Paskaleva-Shapira, 1999), quando se trata de desenvolvimento sustentável, e vem aderindo cada vez mais ao discurso ligado ao turismo. Em virtude desse uso amplamente disseminado, merece cautela para que sua aplicação seja precisa. Em poucas palavras, governança remete à gestão coordenada entre entes públicos e privados, atores das mais variadas origens e campos que in-

teragem no tecido social. Governança diz respeito à maneira de governar em que as fronteiras entre o público e o privado se tornam permeáveis, trazendo essa relação interativa para o foco da discussão (Nordin e Svensson, 2006), removendo assim a dicotomia entre essas esferas (Ostrom, 1990). Alguns dos aspectos mais recorrentes no conceito de governança são:
- a noção de regras do jogo estabelecidas e compartilhadas em que são contidas prescrições que proíbem, permitem, punem, pedem ações;
- a existência de mecanismos de coordenação autorregulados que aumentem a previsibilidade de ações e resultados;
- a importância de elementos como participação social, transparência, responsabilidades e prevalência de leis e estabilidade.

À governança é creditado o papel de ser o mais importante fator para erradicar a pobreza e promover o desenvolvimento, conforme Kofi Annan.[31] A OECD, (2006) afirma que uma boa governança ajuda a estreitar os laços da democracia e dos direitos humanos, promover prosperidade econômica e coesão social, reduzir a pobreza, aumentar a proteção ambiental e o uso sustentável dos recursos. Não obstante, também pode aprofundar os laços de confiança com o governo e a gestão pública.

Então, se a governança influi em bens públicos e de uso comum, torna-se um tema valioso para refletir sobre a gestão em destinos turísticos. Como mostra um estudo realizado para a

---

[31] Kofi Annan era presidente da ONU à época. Declaração no relatório anual para a Assembleia Geral (1998). Disponível em: <www.unsystem.org/ngls/documents/pdf/go.between/gb71.pdf>. Acesso em: dez. 2006.

União Europeia sobre gestão sustentável de cidades turísticas e governança, ela está relacionada com a participação de atores, desenvolvimento integrado da comunidade e princípios do turismo sustentável, sendo uma maneira inovadora de resolver conflitos locais zelando por preocupações de longo prazo (Paskaleva-Shapira, 1999).

Governança para o desenvolvimento do turismo ainda é um desafio para grande parte dos países, que têm buscado refletir sobre o assunto. O tema tem estado presente em diversas publicações internacionais atuais e há um grande esforço para se conhecer mecanismos de governança que resultem em impactos positivos sobre a sustentabilidade de destinos turísticos, urbanos ou ligados à natureza. A partir disso, são sugeridos alguns aspectos vitais da governança para destinos turísticos:

- instituições políticas transparentes, efetivas e capazes de realizar ações participativas e de representação política dos interesses dos cidadãos;
- quadro coerente e consistente de políticas e aspectos regulatórios que vejam o turismo de modo sistêmico;
- parcerias entre o Estado, a iniciativa privada e a sociedade civil, visto que o turismo afeta diversas esferas da sociedade. Assim, as parcerias se tornam particularmente importantes para a discussão, a mediação e a colaboração construtiva.

O turismo impõe inúmeros desafios à governança (quadro 6), em razão de suas peculiaridades (Mannig, 1998).

Quadro 6 - Características do turismo que lançam desafios para a governança de destinos

Características do turismo	Desafios para governança
Dependente de outros setores e outros recursos (naturais, culturais, econômicos).	Integração de processos de planejamento, identificação de valores e limites de mudanças aceitáveis.
Interesse por localidades com ecossistemas frágeis e culturas sensíveis.	Identificação e proteção de fatores-chave (patrimônio natural e cultural, permissão de acesso).
Turistas não são normalmente familiarizados com as normas e valores locais.	Controle do turismo e turistas, monitoramento de conduta, mudança de público. Definição de limites e educação de habitantes e turistas para os limites locais.
Turismo divide infraestrutura com outros setores.	Planejamento de infraestrutura para atender a turistas e locais, ainda que o fluxo seja sazonal.
Turistas e operadores são avessos ao risco e dispõem de grande mobilidade.	Antecipação e prevenção de incidentes que podem prejudicar o turista e o setor.
Turistas têm demandas específicas.	Controle de importação de bens e serviços para o turismo e desenvolvimento de produtos locais.
Significativas diferenças de status econômicos entre turistas e locais.	Considerações de equidade, controle de impactos sociais negativos.
O setor é composto por inúmeros agentes.	Facilitação de cooperação entre setor privado, governo, comunidade e impulso às iniciativas de cooperação.
Propriedade e gestão por parte de estrangeiros ou forasteiros.	Controle de impactos na economia, benefícios revertidos para o local, imagem do destino.
Destinos turísticos podem ultrapassar fronteiras jurisdicionais.	Desenvolvimento de instituições que tratem de questões suprafronteiriças.
Para muitos turistas, um dos maiores valores está na liberdade de ação e acesso.	Implementação de controles que respeitem valores locais e não ofendam visitantes.
O turismo possui um controle muito disperso.	Definição de líderes, responsáveis e modos de articulação entre atores.

Fonte: adaptado de Mannig (1998).

Um contexto de democracia frágil e de extrema centralização governamental, entre tantos outros aspectos, tende a dificultar o que se pode esperar da governança do turismo. Como exemplo, pesquisas no Marrocos e na Tunísia demonstraram as grandes dificuldades para estabelecer uma governança frutífera do turismo em sistemas costeiros nesses países (Caffyn e Jobbins, 2003). Os maiores obstáculos identificados dizem respeito a problemas sociopolíticos na operacionalização da descentralização e da governança baseada em processos participativos locais e comunitários, tendo em vista a falta de transparência da tomada de decisões (Mannig, 1998).

No contexto brasileiro, Bonito representa um caso icônico dos efeitos positivos da governança e da autogestão em um destino turístico (boxe 6). A localidade tem servido de estudo de caso em inúmeras pesquisas empreendidas no Brasil, mas ainda carece de ter sua capacidade de generalização testada para outras realidades.

Boxe 6 – Gestão do turismo em Bonito: governança e autogestão

A cidade de Bonito, localizada a aproximadamente 310 km da capital do estado, Campo Grande (MS), despertou seu potencial turístico na década de 1980 e explodiu na década seguinte. Atualmente, a atividade turística tem grande relevância econômica na localidade. O turismo representa 56% dos empregos diretos na região, estabelecendo-se como o maior empregador se comparado aos demais setores.

O crescimento do fluxo de turistas chamou a atenção para o investimento externo em hotéis, pousadas, agências de viagem e restaurantes. Além disso, permitiu que os proprietários rurais locais explorassem o turismo ecológico como alternativa econômica, o que resultou em maior consciência ecológica entre eles, devido ao fato de a própria sustentação do negócio turístico ser baseada nos atrativos naturais preservados. Afinal, destacam-se como atrativos turísticos da cidade a gruta do Lago Azul e as cachoeiras do rio Formoso, entre outros. Além de seus atrativos únicos, Bonito destaca-se no cenário nacional em função dos aspectos de sua governança como destino turístico. O sistema peculiar e inédito de autogestão do turismo no local teve início em 1995, no âmbito do Plano Nacional de Municipalização do Turismo (PNMT), quando foram levantados o potencial turístico e de geração de empregos da região e as possibilidades de envolvimento da comunidade. Em seguida, houve a constituição do Conselho Municipal de Turismo (Comtur), que ficou responsável pela elaboração do Plano Municipal de Desenvolvimento do Turismo. O Comtur é uma estrutura formal da gestão do turismo local, responsável pela política do setor, entre outras funções. Ele é integrado por grupos organizados, abrangendo associações de guias de turismo, hoteleiros, agências de ecoturismo, comerciantes, responsáveis por atrativos turísticos e, finalmente, a prefeitura municipal, representada pela Secretaria Municipal de Turismo, Meio Ambiente e Comércio. Ou seja, conformou-se uma arena de decisões compartilhadas por diversos grupos sob a gestão do órgão colegiado Comtur.

Para Lunas (2000), a estrutura organizacional de gestão do turismo de Bonito indica que o sistema caminha para o exercício da autogestão, ponto máximo dentro de um *continuum* das gradações do conceito de autogoverno. Afinal, essa realidade apresenta as três formas de autogoverno que antecedem a autogestão: democracia participativa (integração da comunidade nas instituições), codeterminação (integração da liderança individual em suas respectivas comunidades) e comunidade de interesses (noção de que todos lideram e de que o Estado se retira do papel de dominação e evolui "como um mecanismo de coordenação de funções sociais" (p. 37)). Embora o sistema apresente importantes avanços e acerte nas "condutas empreendidas em conjunto para conservar a natureza e na tentativa de integrar socialmente a comunidade autóctone" (p. 100), notou-se que ainda é necessário o fortalecimento da autonomia do conselho municipal, a maior diversificação da sua composição – incluindo também universidades, institutos de pesquisa, ONGs, órgãos de representação profissional etc. –, bem como certa "resistência à eliminação [...] de determinados fatores que causam riscos de viabilidade e sustentabilidade do sistema" (p. 100). São exemplos de aspectos de desequilíbrio do sistema, a falta de ordenamento do crescimento urbano e do atendimento aos requisitos de impacto mínimo dos meios de hospedagem. Todavia, o sistema de gestão do turismo de Bonito representa um papel importante e exemplar para a efetivação do desenvolvimento turístico na localidade, especialmente em relação aos pilares da sustentabilidade.

Fonte: Lunas (2000).

Ainda no contexto nacional, a noção de governança permeia fortemente as políticas públicas em turismo e é um tópico que ocupa lugar de destaque nos objetivos e na metodologia do Programa de Regionalização do Turismo (PRT).

Nesse âmbito, as instâncias de governança são vistas como organizações representativas dos poderes público e privado, da sociedade e dos municípios componentes das regiões turísticas, direcionadas por princípios como descentralização, participação, integração regional (MTUR, 2005). É proposto no programa que cada região turística conte com uma instância de governança definida e instalada, ainda que a estrutura, o formato e o caráter jurídico sejam flexíveis (boxe 7).

Boxe 7 – Governança regional no Programa de Regionalização do Turismo – roteiros do Brasil

Objetivos da institucionalização de uma instância de governança no âmbito regional:

a) criar uma interlocução regional para a operacionalização do Programa de Regionalização do Turismo;

b) coordenar o processo da regionalização do turismo de uma região turística; e

c) descentralizar as ações de coordenação do processo, deslocando-as da União para o estado, e deste para as regiões turísticas.

Fonte: MTUR (2005).

Mesmo que seja um avanço tratar da governança regional no âmbito da política pública federal em turismo no Brasil, há críticas à abordagem adotada (Costa e Toni, 2007). Entre elas, os pressupostos simplificadores sobre a cooperação, já que a escolha de cooperar perpassa meandros da interação social que fogem à vontade de planos de governo. Ela está pautada em aspectos históricos, de identidade e capital social das comunidades (Putnam, 2006), regras de reciprocidade entre os atores sociais (Axelrod, 1990), e no cálculo estratégico entre ações e interesses individuais e coletivos (Olson, 1999). Também há o problema do tempo em projetos que carregam a intenção de cultivar novas relações sociais, que precisam de um prazo de maturação superior aos prazos dos planos de governo, estes que duram no máximo quatro anos (Caporali e Volker, 2004). Por fim, é problemático o pressuposto de que institucionalização significa formalização administrativo-legal, sem levar em conta aspectos mais densos, como sua legitimidade e sua representação democrática para aquela realidade.

Pode-se inferir que, se a governança é uma preocupação central em destinos, torna-se ainda mais relevante nos roteiros integrados, frutos do PRT, por serem estes um conjunto de destinos com necessidade de gestão que ultrapassa as fronteiras político-administrativas. Os roteiros integrados podem incluir mais de um estado federativo, como os casos da Rota das Emoções (ou Costa Norte – Ceará, Piauí e Maranhão) e da Estrada Real (boxe 8) ou, ainda, podem ser transnacionais, como o roteiro Iguassu-Missões® (Paraná, Rio Grande do Sul, Argentina e Paraguai), tornando ainda maiores os desafios para a construção de uma governança suprafronteiriça.

Boxe 8 – Governança em roteiros integrados do turismo: Estrada Real (MG)

A Estrada Real (ER) foi, originalmente, um percurso utilizado por bandeirantes, escravos e tropeiros que exploravam as riquezas do interior de Minas Gerais entre os séculos XVII e XIX. Atualmente, seu mapeamento tem 1.400 km de extensão e atravessa 177 cidades e distritos em três estados: MG, RJ e SP. A ideia de desenvolver este circuito como um produto turístico teve embasamento na experiência internacional do Caminho de Santiago de Compostela. Em 2000, o Programa Estrada Real (PER) foi regulamentado por um decreto estadual e passou a figurar como a experiência pioneira no Brasil de traçar um plano de desenvolvimento focado em uma rota, vários municípios e múltiplos segmentos de turismo sob seu eixo, bem como de propor a criação de um conselho consultivo composto por integrantes do Estado, do empresariado e das comunidades.

A ER é hoje um dos principais roteiros turísticos do estado de Minas Gerais e se tornou conhecida no Brasil por sua estrutura de governança diferenciada. Entre seus aspectos diferenciadores está o fato de ser um roteiro, e não apenas um destino, que percorre uma grande gama de municípios, além de envolver os poderes público e privado na

> sua gestão. As duas organizações de maior destaque institucional para a governança regional são o Instituto da Estrada Real, sociedade civil sem fins lucrativos que promove articulação setorial e institucional, constituída em 1999 e financiada pela Federação das Indústrias do Estado de Minas Gerais (Fiemg) e a Agência de Desenvolvimento do Turismo da Macrorregião Sudeste (Adetur,SE), ligada ao PRT.
>
> A governança regional no turismo configura-se, portanto, como uma necessidade operacional e uma decisão estratégica de Estado. No caso da ER, fica clara a "importância desse instrumento no processo de descentralização das políticas de desenvolvimento do turismo regional" (Barbará et al., 2007: 14) bem como uma expectativa de que ela seja a peça-chave no desenvolvimento do turismo. No entanto, existem problemas e limitações na governança regional da ER, tais como: (a) a pressão de muitos municípios que não têm identidade cultural com a ER, mas desejam fazer parte do roteiro em função dos benefícios esperados (financiamentos, condições facilitadas de tributação); (b) o baixo grau de entendimento do que é uma governança regional e a falta de clareza do papel das estruturas de governança; (c) apesar dos sete anos de existência do roteiro (em 2007), a governança regional ainda dá seus passos iniciais na conformação da cooperação, da confiança e das inovações para o roteiro. Ainda existem "problemas de comunicação, de integração e de articulação entre os diversos atores, sejam do setor público, do privado ou da sociedade civil organizada" (Barbará et al., 2007: 15).

Fonte: Barbará, et al. (2007).

Como fica revelado pelo caso, uma governança efetiva de roteiros turísticos necessita negociar com diversos atores e lidar com seus conflitos. Deve, também, considerar os limites naturais dos destinos e dos roteiros, contabilizar os efeitos sinérgicos da ocupação de várias localidades encadeadas, negociar prioridades, desenhar regras de interação, monitorar e punir os desrespeitos às regras coletivas.

Gerir a sustentabilidade de destinos turísticos: critérios e indicadores

O turismo, como a maior fonte de renda nacional em diversos locais, gera fortes impactos sobre a sociedade, o meio ambiente e a economia. Essa constatação leva a perceber a necessidade de um novo modelo de gestão desses destinos, de forma a garantir o desenvolvimento sustentável em escala nacional e regional (Mannig, 1998). Esse desenvolvimento, por sua vez, é refletido por uma ampla variedade de fatores interconectados entre si e com dimensões temporais de longo prazo, que carecem de monitoramento constante. Para isso são empregados indicadores, que são medidas quantitativas e/ou qualitativas do estado de algo.

Indicadores são utilizados com o propósito de agregar dados, simplificando as informações; avaliar tendências em relação a metas; comparar lugares e situações; prover informações e antecipar futuras condições.[32] Logo, as perguntas que podem ser respondidas por indicadores de sustentabilidade são: como saber se dada estratégia para o desenvolvimento sustentável está obtendo sucesso ou está no caminho correto? Como reconhecer o desenvolvimento sustentável? (Bossel, 1999; NSSD, 2000).

Perante a complexidade do assunto, um apelo para a cosntrução de mecanismos de monitoramento do desenvolvimento sustentável foi deflagrado pela Agenda 21.[33] Muitas organizações públicas e do terceiro setor em inúmeros países vêm atendendo a este chamado para criar indicadores de desenvolvimento sustentável. Portanto, foram propostas orientações, conhecidas como os "Princípios de Bellagio", que prescrevem que os indicadores de desenvolvimento sustentável devem apresentar visão clara e metas; incluir visão holística; considerar elementos essenciais, como escopo adequado, enfoque prático, participação, comunicação efetiva, continuidade e capacidade institucional de manter o processo de avaliação.

---

[32] Ver Bossel (1999); Hardi e Zdan (1997); Van Bellen (2005); Farrell e Hart (1998).
[33] Ver capítulo 2 desta obra.

Apesar das diretrizes claras, existem algumas dificuldades em relação à mensuração e à construção de indicadores para aferir sustentabilidade. A primeira delas é a ampla gama de atores sociais e ambientes envolvidos sistemicamente, e a segunda, o fato de o horizonte temporal ser distante ou infinito. Fica nítido que um dos maiores desafios para mensurar a sustentabilidade reside no fato de ela ser dinâmica, não estática, e ser um processo contínuo (Proops et al., 1999) e não um estado fixo.

A literatura oferece uma grande variedade de metodologias que se propõem a acompanhar e relatar o desenvolvimento sustentável.[34] Para cumprir suas funções, os indicadores podem ser isolados, fazer parte de um conjunto ou formar um índice composto. Tanto os isolados quanto os agregados são vastamente criticados pela literatura. Os primeiros por sua limitação para representar a multidimensionalidade do conceito de sustentabilidade, e os outros por usarem métodos controversos de agregação (Farrell e Hart, 1998; Veiga, 2006).

Dessa forma, os sistemas ou conjuntos de indicadores consistem em alternativas interessantes para permitir uma análise mais precisa. Todavia, é necessário manter a clareza de que a seleção dos indicadores guarda estreita relação com valores da sociedade e dos planejadores, pois os indicadores escolhidos refletem as prioridades das pessoas e criam ou reforçam atitudes conforme suas mensurações (Meadows, 1998; Van Bellen, 2005). Ou seja, a opção por um ou outro indicador deve ligar-se com os objetivos centrais da mensuração e estar relacionada com as prioridades claramente estabelecidas, evitando-se duas armadilhas: mensurar o que era marginal e

---

[34] Ver Meadows (1998); Van Bellen (2005); Veiga (2006).

não um objetivo estratégico, e mascarar os impactos reais por meio de indicadores de impactos enviesados.

Os sistemas de indicadores são imprescindíveis para o planejamento e gestão do turismo sustentável, já que possibilitam mensuração e aferição dos impactos da atividade. Diversas são as potenciais utilidades de seu emprego, tanto em âmbito público quanto privado (quadro 7).

Quadro 7 – Utilidades dos indicadores para o planejamento e a gestão do turismo

Políticas públicas

Os indicadores identificados pelos *stakeholders* como adequados àquele destino ajudam os gestores na formulação de políticas.

Plano estratégico para o turismo

Indicadores fornecem maior precisão para moldar os planos estratégicos para o turismo, bem como para monitorar seus resultados continuamente, tendo em vista manter um caráter adaptativo. Algumas aplicações específicas são: a verificação de desempenho, a revisão dos resultados esperados e a criação de um ambiente de aprendizagem.

Legislação, regulamentação e monitoramento

O sistema de indicadores ajuda a identificar os riscos ou problemas que podem exigir uma resposta em termos de regulamentação, bem como pode servir para medir a eficácia da regulamentação e da execução em relação ao problema originalmente revelado.

Capacidade de carga e limites para o turismo

Indicadores são úteis para monitorar como o desenvolvimento está relacionado aos limites específicos nas relações humanas com a biosfera que podem afetar a sustentabilidade do turismo.

Emissão de relatórios e prestação de contas

Indicadores são úteis para transmitir mensagens aos *stakeholders* que delas necessitam. A comunicação se dá em forma de conferências, relatório da situação anual, emissão de boletins etc.

Programas de certificação

A certificação significa, basicamente, inspeção, medição e verificação de indicadores por terceiros. Ainda, os programas de certificação e seus indicadores servem como um manual de boas práticas e criam um quadro para a melhoria da gestão empresarial.

Mensuração de desempenho e *benchmarking*

Indicadores são ferramentas básicas de medição de desempenho para empresas individuais da área do turismo, autoridades públicas e organizações de gestão do destino. Aqueles que desejam medir seu desempenho concentram-se na mensuração dos insumos e produtos de sua organização, e também dos resultados sociais, econômicos e ambientais. Ao mesmo tempo, as indústrias e os governos buscam referências (*benchmarking*) para comparar seu desempenho, de preferência em relação às melhores práticas da indústria ou do meio institucional.

Fonte: adaptado de UNWTO (2004).

Os indicadores podem apoiar a tomada de decisão baseada em informações em todos os níveis de planejamento e gerenciamento do turismo: nacional, regional, destinos específicos, atrativos-chave dentro de destinos, empresas de turismo, estabelecimentos individuais de turismo (UNWTO, 2004). Então, para que o sistema de indicadores se torne uma importante ferramenta para o desenvolvimento do turismo, entende-se que é necessário: (a) delimitar claramente os objetivos, metas, limites e pressupostos do sistema de indicadores, aproximando-os de realidades específicas, e (b) estar em consonância com os pontos atuais e emergenciais para a atividade turística na localidade.

No Brasil, o IBGE ofereceu, no ano de 2010, uma importante contribuição sobre indicadores de desenvolvimento sustentável (IDS) que objetiva "disponibilizar um sistema de informações para o acompanhamento da sustentabilidade do padrão de desenvolvimento do país" (IBGE, 2010:9). Assim como em alguns outros sistemas de indicadores de sustentabilidade mais amplos, o turismo não é tratado diretamente pelo IBGE (2010). Entretanto, é possível encontrar aplicabilidade de seus indicadores para este setor (boxe 9).

Boxe 9 – Exemplos de indicadores de desenvolvimento sustentável do IBGE aplicáveis ao turismo

> Os 55 indicadores de desenvolvimento sustentável do IBGE são organizados em quatro dimensões: ambiental, social, econômica e institucional. A utilização de muitos desses indicadores é pertinente e necessária à gestão turística, especialmente em se tratando de uma atividade que envolve e gera impactos nas quatro dimensões propostas pelo documento. A seguir é apresentado o escopo de cada dimensão, juntamente a um exemplo de indicador que poderá ser utilizado no turismo.
>
> A dimensão ambiental se relaciona aos objetivos de preservação e conservação do meio ambiente, conforme os temas: atmosfera, terra, água doce, oceanos, mares e áreas costeiras, biodiversidade e saneamento.
>
> Inserido no tema oceanos, mares e áreas costeiras, tem-se o item: balneabilidade, que apresenta as condições da qualidade da água, a partir da análise da quantidade de bactérias encontradas na água das praias. Vale notar que o acompanhamento desse indicador, além de relacionar-se com a saúde da população e com a pesca marítima, objetiva apontar se a praia está própria ou imprópria para o banho, em um determinado intervalo de tempo, afetando diretamente a atividade turística no litoral.
>
> A dimensão social está relacionada aos objetivos de satisfação das necessidades humanas, melhoria da qualidade de vida e justiça social, conforme os temas: população, trabalho e rendimento, saúde, educação, habitação e segurança.
>
> Dentro do tema população, tem-se o item: população e terras indígenas, que apresenta o tamanho da população indígena e a quantidade de áreas protegidas e terras indígenas reconhecidas oficialmente. Este indicador auxilia o monitoramento do turismo desenvolvido nessas áreas, que carecem de acompanhamento da conservação do patrimônio natural e cultural, bem como da geração alternativa de renda.
>
> A dimensão econômica se relaciona aos objetivos de retratar o desempenho macroeconômico e financeiro e os impactos no consumo de recursos materiais e uso de energia, conforme os temas: quadro econômico e padrões de produção e consumo. Inserido no tema padrões de produção e consumo, tem-se o item reciclagem, que apresenta o desempenho das atividades de reciclagem dos materiais: papel, plástico, latas de alumínio e aço, vidro e embalagens PET por algumas indústrias selecionadas. Nota-se que, embora a atividade turística esteja vinculada ao setor de serviços, também contribui para a produção de lixos e resíduos (a exemplo de empreendimentos hoteleiros, cruzeiros e outros), o que revela a necessidade de se considerar este indicador para aferir aspectos da sustentabilidade de iniciativas públicas e privadas de turismo.

> A dimensão institucional está relacionada aos objetivos de orientação política, capacidade e esforço despendido para as mudanças requeridas, conforme os temas: quadro institucional e capacidade institucional.
>
> Dentro do tema quadro institucional, tem-se o item existência de conselhos municipais de meio ambiente, que apresenta o número de conselhos de meio ambiente ativos, em nível municipal. A existência de conselhos municipais de meio ambiente ativos indica a capacidade de governança, bem como a participação comunitária e a descentralização da tomada de decisões, ao lado do reconhecimento das implicações ambientais como fundamentais no processo de desenvolvimento local. Além disso, vale enfatizar que a existência formal dos conselhos não é um indicador suficiente. Há que se analisar a composição desses conselhos, as atividades, os resultados alcançados e as relações sociais estabelecidas a partir deles.

Fonte: adaptado de IBGE (2010).

A tarefa mais desafiadora para pensar a sustentabilidade do turismo é desenvolver uma maneira efetiva e prática de mensurar o que isso significa, segundo alerta Liu (2003), evitando a limitação da maioria dos estudos de impacto do turismo – o descarte dos efeitos cumulativos dos impactos (Wall, 1997).

Já houve proposta de medir a sustentabilidade do turismo de acordo com diversos sistemas de indicadores e diferenciadas perspectivas, com distintos níveis de complexidade. Os indicadores são diversos, tanto como as técnicas empregadas para analisar a sustentabilidade. Como exemplo, para aferição da sustentabilidade autores usaram distintas perspectivas como base: o olhar do governo local (Dymond, 1997); os dados fornecidos por estatísticas oficiais e por entrevistas em profundidade com atores diversos do destino (Vera-Rebollo e Baidal, 2003); a percepção dos turistas (Cottrell et al., 2004).

A mais nova contribuição da Organização Mundial do Turismo (UNWTO, 2004) para o assunto resultou em um compêndio vasto de indicadores que fornece orientações sobre como gerenciar o processo de produção e a utilização de indicadores relevantes para o desenvolvimento sustentável dos destinos turísticos. Tais indicadores podem ser empregados para medir mudanças internas na estrutura do turismo, fatores externos que o afetam ou impactos causados pelo turismo, oferecendo uma interessante visão sistêmica.

Algumas considerações importantes, conforme a UNWTO (2004), são a relevância dos indicadores para as questões-chave de um destino e a praticidade de geração e utilização. Além disso, devem ser observados os critérios relativos à credibilidade científica, clareza e capacidade de serem usados como padrões para comparação ao longo do tempo e em outros destinos, a fim de escolher os indicadores que possam ter o maior impacto sobre as decisões ou ações. Disso decorre a contribuição mais interessante da publicação citada: o alerta para a necessidade de os gestores combinarem indicadores específicos e pertinentes para a análise de cada um dos distintos tipos de destinos turísticos (quadro 8).

Quadro 8 – Indicadores específicos para cada destino turístico

Destinos / Temas centrais para os indicadores
Zonas costeiras
Danos ao ambiente natural da zona costeira, sustentabilidade das espécies-chave, erosão do litoral, intensidade do uso, sazonalidade, gestão de praias, contaminação da água do mar, sistemas de recifes, percepção sobre limpeza/qualidade, proteção e segurança.
Destinos de praia
Manutenção da área da praia, intensidade do uso, acesso, sazonalidade, contaminação das praias, contaminação da água do mar, satisfação do turista, prestação de serviços, custos e benefícios, controle (comportamento, animais, acesso), certificação e normas.

Sítios ecológicos naturais e sensíveis

Valor ecológico (representatividade, singularidade, nível de proteção), valor turístico (fragilidade, viabilidade do turismo, valor educacional-interpretativo, acessibilidade, atratividade, capacidade de carga turística), gestão do sítio (plano de gestão do turismo, regulamento do sítio, intensidade do uso, capacidade de gestão do turismo, contribuição do turismo para a conservação do local), gestão de espaços para uso turístico (trilhas e caminhos, áreas de *camping* e acomodação), participação da comunidade (participação da comunidade local), gestão dos ecossistemas (qualidade da água, poluição sonora e do ar, impactos sobre a flora e fauna, estética), satisfação do visitante (visitantes, intermediários).

Comunidades dentro/ao redor de áreas protegidas

Impactos da atividade da comunidade sobre o parque (gestão e proteção), impactos do parque sobre os moradores da comunidade, grau de coplanejamento e gerenciamento, nível de cooperação entre a área protegida e a comunidade de seu entorno.

Sítios de patrimônio construído

Demolição de edifícios antigos com valor patrimonial, deterioração das estruturas construídas, distritos ou estruturas históricas ameaçados, perda de caráter histórico dos distritos, proteção de edifícios históricos, proteção de distritos históricos, custo da proteção, reutilização de edifícios ou sítios históricos, nova legislação, contribuição do turismo para a preservação dos sítios de patrimônio construído, gestão do turismo, níveis de utilização.

Comunidades pequenas e tradicionais

Impacto sobre a infraestrutura e serviços, violação de normas locais, turismo como catalisador para a mudança social ou cultural, captação dos benefícios do turismo para a comunidade, manutenção da participação no desenvolvimento e gestão do turismo, satisfação dos turistas.

Turismo urbano

Melhoria da paisagem urbana e proteção do patrimônio histórico, empresas sustentáveis de turismo, gestão ambiental, trânsito/sistema de transporte público, integração da economia regional, apresentação do conhecimento cultural, aglomeração/distribuição espacial, atitudes do residente sobre o turismo.

Fonte: adaptado de UNWTO (2004).

A OMT (ou UNWTO) apresenta diversas combinações de indicadores para o turismo e aplicações em diferentes escalas (locais, grupos empresariais, países etc.), bem como propostas realizadas por diferentes organizações (governos, ONGs, empresas). Isso deixa clara a necessidade de se comporem sistemas específicos para mensuração da sustentabilidade em cada realidade e desmitifica a busca por um conjunto de indicadores que sirva para o turismo em geral. Exemplos de sistemas próprios de indicadores foram estabelecidos para a gestão de destinos turísticos, como as ilhas Baleares, na Espanha (boxe 10, e de grupos empresariais, como a Rede Accor (boxe 11).

Boxe 10 – Ilhas Baleares: gestão integrada do turismo por meio de indicadores de sustentabilidade

> Formentera, Ibiza, Menorca e Maiorca são as principais ilhas que formam o arquipélago espanhol, situado no centro do mar Mediterrâneo e conhecido por suas belezas e temperaturas médias de 16 a 17 graus ao longo do ano. O arquipélago recebe mais de 10 milhões de turistas por ano, o que o caracteriza como um dos maiores destinos de férias da Europa. Ainda que 40% do seu território sejam protegidos, a ocupação turística começou na década de 1960 e tinha foco na atração de um turismo de massa. Atualmente, as ilhas Baleares podem ser consideradas destinos maduros, onde o turismo é a atividade econômica mais expressiva. No entanto, muitos são os impactos negativos associados a ele, tais como a excessiva pressão por recursos.
>
> No período de 2000 a 2003, o Centro de Pesquisas em Turismo das Ilhas Baleares realizou um esforço de pesquisa acerca de indicadores de sustentabilidade para o turismo no arquipélago. Foram considerados parâmetros ligados ao turismo, principal atividade nas ilhas, ao lado de questões referentes a urbanização, transporte, consumo de água e energia, gestão de resíduos etc. O modelo foi baseado na lógica de pressão-estado-resposta e abordou os três pilares da sustentabilidade. Assim, originaram-se 50 indicadores, dos quais 12 foram eleitos como os indicadores-chave, em função de sua relevância para o local: índice de pressão humana, sazonalidade do turismo, estabilidade dos empregos, evolução da renda, acesso a moradia, número de veículos em uso, uso turístico e saturação das praias, capacidade de acomodação, áreas naturais protegidas, consumo urbano de água, emissões de CO^2 e reciclagem de resíduos. Os indicadores foram baseados, predominantemente, em dados públicos e oficiais disponíveis. Quando não foi possível encontrar a informação, levantamentos de campo foram realizados, tais como o relativo à intensidade do uso das praias na alta estação. Além disso, o método de cálculo de cada indicador foi divulgado, ao lado de sua representação gráfica, para facilitar seu uso.
>
> Os indicadores têm sido úteis para oferecer informação objetiva sobre o estado das ilhas, bem como para guiar os debates acerca de desenvolvimento regional e suas políticas, que incluem a limitação do crescimento do turismo nas localidades

Fonte: adaptado de UNWTO (2004).

Boxe 11 – Accor hotels: indicadores para a dimensão ambiental da sustentabilidade

> Com 157 mil funcionários em 140 países em 2002, a Accor atua em dois grandes negócios internacionais: hotel e serviços. A rede Accor opera 3.829 hotéis e 440.807 quartos em 90 países, sob as marcas Sofitel, Novotel, Mercure, Suitehotel, Ibis, Etap Hotel e Formule 1, entre outras. Opera, também, em negócios relacionados, incluindo restaurantes, agências de viagens e cassinos. A cada ano, 13 milhões de pessoas usam serviços prestados pela Accor. Desde 1998, a "Carta Ambiental da Accor" tem sido seu principal instrumento para a gestão dessa dimensão, dentro da premissa de que "para gerir, você precisa medir". Desde 2003, a carta é aplicada em 2.048 hotéis em 28 países. É usada como um meio para que hotéis informem aos seus clientes e *stakeholders* sobre seu compromisso com o meio ambiente e permite que o grupo monitore o uso de recursos naturais, como a água e combustíveis. Os hotéis Accor utilizam principalmente dois tipos de indicadores de desempenho ambiental:
> - *indicadores ambientais* – baseiam-se nas 15 ações da carta, que são ligadas a quatro domínios: gestão e reciclagem de resíduos; controles técnicos; arquitetura e paisagem; sensibilização e formação;
> - *indicadores de consumo* – lidam com energia e consumo de água. Para os indicadores de água, a Accor utiliza frações "por quarto alugado". Os outros indicadores são usados quando os hotéis realizam estudos de impacto ambiental e programas de certificação ambiental, como Green Globe ou ISO 14001.
>
> Para aplicar os indicadores, as fontes de dados têm sido continuamente aprimoradas. Como exemplo, a empresa planeja automatizar os sistemas de coleta de dados sobre consumo de energia em todos os seus hotéis, a fim de padronizar relatórios e dar mais consistência aos indicadores. Depois de os dados serem consolidados pelos gestores técnicos dos hotéis, são enviados mensalmente ao diretor regional ou nacional, que os transmite para a sede da empresa. A sede, então, faz a consolidação definitiva, comparando o desempenho entre marcas, divisões, hotéis e países, e oferece o retorno dos dados para os hotéis, fazendo com que a comunicação envolva todas as partes. Portanto, a análise de indicadores permite que os gerentes avaliem os pontos fortes e fracos do seu desempenho ambiental e, a partir dessa avaliação, tomem medidas para sua melhoria. Na Accor, os indicadores permitem que os gestores da empresa monitorem as melhorias feitas ao longo do tempo, bem como a eficiência das distintas práticas adotadas.

Fonte: adaptado de UNWTO (2004).

Contribuições válidas sobre indicadores de sustentabilidade também são encontradas em manuais para certificação do turismo sustentável, desde que a certificação em tela aborde questões sistêmicas e de longo prazo. Inspirados nos indica-

dores recomendados por Font e Harris (2004) para a certificação de sustentabilidade no turismo, eis alguns parâmetros interessantes:
- respeito às leis de proteção ambiental;
- geração de emprego para moradores locais;
- melhoria de infraestrutura para turistas e locais;
- contribuição com projetos para a comunidade local;
- realização/encorajamento de processos de participação social e diálogo;
- educação do turista para lidar com aspectos socioambientais do local.

Esses parâmetros são interessantes porque permitem analisar dimensões complementares da sustentabilidade, uma vez que contemplam questões relativas à conservação ambiental e ao bom uso dos bens comuns; apresentam interface socioeconômica com a população e tratam a questão da distribuição de riquezas no âmbito da população como indicativo de busca da equidade; abordam questões territoriais, sociais e de bem-estar da população local, bem como a dimensão institucional e de governança dos destinos.

Frente à imensa coleção de possibilidades de indicadores de sustentabilidade para o turismo, um desafio para o gestor é a seleção, que envolve questões estratégicas e operacionais. Entre os critérios operacionais que guiam a escolha dos indicadores de sustentabilidade estão as limitações de dados disponíveis e a disponibilidade de recursos para apurá-los. A falta de dados secundários é um dos aspectos que resultam em frustração para aqueles que selecionam indicadores para embasar suas decisões e conclusões. Já a apuração de dados primários pode ser inviabilizada por falta de recursos (tempo, dinheiro) ou de equipe especializada.

Portanto, antes de definir o conjunto de indicadores é necessário levar em consideração seu objetivo e os aspectos operacionais inerentes ao levantamento dos dados que os fundamentam, tais como: (a) a real necessidade daquele indicador para o objetivo de gestão almejado; (b) a qualidade da informação disponível para responder aos indicadores e a viabilidade de apurar essas informações; (c) a transparência do indicador e sua autoexplicação.

A sustentabilidade no universo empresarial do turismo: iniciativas voluntárias, certificações e prêmios

As mudanças da sociedade resultam em pressões sobre as empresas. São inúmeras as demandas éticas, políticas e mercadológicas para que elas atuem de forma mais responsável, tanto social quanto ambientalmente, colaborando com a sustentabilidade do desenvolvimento. Na esfera social, exige-se das organizações uma postura responsável com aqueles que são por elas afetados, direta ou indiretamente, tais como empregados, fornecedores, clientes, moradores de suas redondezas etc. Na esfera ambiental, em virtude da crescente escassez de alguns recursos (combustíveis fósseis, energia, minérios) e da proliferação de danos ambientais, exige-se a reavaliação das consequências de atividades predatórias, bem como a minimização da exposição da sociedade a riscos. Há situações que passam a ser legal e moralmente inaceitáveis e outras que se tornam imputáveis às organizações, a exemplo da responsabilização pelos resíduos pós-consumo.[35]

---

[35] Para aprofundamentos no tema, consultar o Plano de Ação para Produção e Consumo Sustentáveis, do Ministério do Meio Ambiente. Disponível em: <www.mma.gov.br/estruturas/243/_arquivos/plano_de_ao_para_pcs_documento_para_consulta_243.pdf>. Acesso em: 2 jan. 2012.

Neste contexto fica, portanto, mais clara a visão das organizações como sistemas abertos, ou seja, em constante interação com diversos grupos (*stakeholders*) e com as dimensões – social, econômica e ambiental – que as cercam. Além disso, fortalece-se o princípio de que o poluidor deve pagar pelo dano, mitigar seus impactos e garantir que as externalidades de sua produção sejam mais positivas do que negativas. Todas essas questões, combinadas, apontam para a necessidade de uma gestão dentro de padrões até então desconhecidos pelas empresas: transparente, participativa e com preocupações que vão além de suas próprias fronteiras (Serpa e Fourneau, 2007).

As posturas que se alinham a essa nova forma de atuação podem ser induzidas por obrigações legais ou ocasionadas por iniciativas voluntárias das organizações. É sobre estas últimas que recai a discussão acerca da responsabilidade social empresarial (RSE), entendida como um compromisso da organização com a sociedade, a fim de contribuir para o desenvolvimento sustentável.

RSE é um conceito que passou por mudanças desde suas origens e ainda se encontra em fase de maturação. Se em meados do século XX era focado nas demandas apenas dos acionistas, em sua evolução passou a considerar os interesses de diversos *stakeholders* (Ashley, Coutinho e Tomei, 2000). Em sua história recente, na década de 1990, quando o conceito ganhou força no Brasil, a responsabilidade social das organizações resumia-se a ações filantrópicas e, no máximo, abarcava também preocupações com as condições de trabalho dos colaboradores. Isso revelava uma postura mais paternalista do que estratégica das empresas, além de evidenciar uma perspectiva insuficiente para dar conta dos desafios da sustentabilidade.

Ao longo do tempo, é notória a expansão do escopo do conceito de RSE, que passou a abrigar as diversas ações das quais as empresas participam voluntariamente para cumprir seus compromissos morais com a sociedade e com a natureza. Isso é sustentado pelas diretrizes da ISO 26000, um conjunto de padrões internacionais dedicado à responsabilidade social, nas quais aparecem sete aspectos centrais: governança organizacional, direitos humanos, práticas de trabalho, meio ambiente, práticas justas de operação, respeito aos consumidores, envolvimento comunitário e desenvolvimento. Portanto, atualmente há que se tratar da responsabilidade socioambiental das empresas, inserida no tripé das dimensões da sustentabilidade, uma visão corroborada pela definição do Instituto Ethos:[36]

> Responsabilidade Social Empresarial é a forma de gestão que se define pela relação ética e transparente da empresa com todos os públicos com os quais ela se relaciona e pelo estabelecimento de metas compatíveis com o desenvolvimento sustentável da sociedade, preservando recursos ambientais e culturais para as gerações futuras, respeitando a diversidade e promovendo a redução das desigualdades sociais [Instituto Ethos, 2011].[37]

Existe um misto de euforia e ceticismo ao redor da capacidade das empresas de atuarem de forma voluntariamente responsável. Contudo, pode-se dizer que predomina uma visão cética em virtude de uma tendência, historicamente observável, de as empresas trocarem a preocupação de longo prazo com o meio ambiente pela rentabilidade no curto prazo (Sachs, 2000). Além

---

[36] Organização sem fins lucrativos que tem a missão de mobilizar, sensibilizar e ajudar as empresas a gerir seus negócios de forma responsável. Visite <www.ethos.org.br>.
[37] Disponível em: <http://www1.ethos.org.br/EthosWeb/pt/29/o_que_e_rse/o_que_e_rse.aspx.> Acesso em: set. de 2011.

dessa dúvida, tantas outras cercam o debate: estariam mesmo os clientes, especialmente os turistas, interessados em produtos e serviços mais responsáveis? Isso é uma questão de modismo, de civismo ou demanda de mercado? (Mollicone, 2003).

O que se nota é que não são questões concluídas. Enquanto alguns dizem que é um modismo passageiro ou uma demagogia, outros dizem que é uma tendência que veio para ficar porque garante melhores condições para o ambiente de negócios. Ou seja, fica nítida a existência de divergências sobre o principal motivo de as empresas disponibilizarem tempo e dinheiro para projetos voluntários que denotam responsabilidade: estratégia, pressões externas ou valores internos das organizações.

Entre as empresas que buscam padrões de sustentabilidade em sua atuação, normalmente destacam-se as grandes organizações privadas, e não as pequenas (Farias e Teixeira, 2002). Muitas multinacionais e indústrias que operam em setores como petróleo, celulose e mineração sofrem fortes pressões de investidores e outros atores para que se tornem responsáveis (Vinha, 2003). As falhas cometidas por elas nesses aspectos podem redundar em danos de imagem à marca e quedas nos valores de suas ações.

No espectro das ações de responsabilidade socioambiental das organizações, são diversas as possibilidades de atuação.[38] E, para garantir a coerência e a robustez, a responsabilidade social deve perpassar as políticas, a cultura organizacional, as operações e a principal estratégia da organização (ISO, 2011),[39] o que nem sempre ocorre. Entre as empresas

---

[38] Para exemplos, ver <www.ideiasustentavel.com.br/sustentabilidade-aplicada/>. Acesso em: jan. 2012.
[39] Para questões de responsabilidade social, foi elaborada a ISO 26000. Ver <www.iso.org/iso/iso_catalogue/management_standards/social_responsibility.htm>. Acesso em: jan. 2012.

que empreendem estas ações, algumas têm sido acusadas de não o fazerem de forma genuína, mas sim de modo casuístico para parecer mais "verdes", mais "amigáveis" ou mais responsáveis, o chamado *greenwashing*, que pode ser livremente traduzido como um "banho de loja" verde.

Isso tem sido constatado em vários setores, e com o turismo não é diferente. O "sequestro" já anunciado do termo eco para tantos rótulos também ocorreu e gerou um certo descrédito. Muitos meios de hospedagem se dizem ambientalmente responsáveis porque pedem para o hóspede reutilizar as toalhas, porém não treinam seu pessoal para tanto, não utilizam processos mais eficientes de lavagem e, muito menos, produtos menos nocivos, se estes forem mais caros. Talvez o mesmo estabelecimento seja também aquele que exclui a comunidade ao seu redor, descarta seus resíduos sem preocupação, compra todos os insumos de locais distantes e nem se esforça para oferecer condições mais dignas para os habitantes do local. Portanto, fica patente a necessidade de práticas coerentes e robustas para evitar essa imagem frívola, que transmite baixa confiabilidade aos envolvidos.

Por outro lado, um dos fatos mais palpáveis ao redor da adoção de posturas empresariais voltadas para a sustentabilidade está na mudança das estruturas organizacionais e de poder dentro das empresas. Factualmente, é possível ver o cargo de gerente de sustentabilidade – já conhecido em tantos setores da economia, como construção, varejo e energia – também passar a fazer parte das estruturas organizacionais das maiores operadoras de turismo do mundo. Alguns exemplos são a First Choice, a TUI e a Thomas Cook. Estas empresas manifestam preocupação com os impactos causados nos destinos que recebem o massivo fluxo de turistas que compram seus pacotes, e que estes clientes também têm estado atentos para as condições dos locais. Um dos efeitos resultantes é a exigência de que seus fornecedores também adotem uma postura responsável, o que pode ocasionar um impacto real na cadeia produtiva do turismo.

Além das grandes empresas que demonstram preocupação em ser mais responsáveis, nasceram diversas outras menores que trabalham com este mote. Elas destacam-se pelo apoio a projetos locais, inserção de pequenos empreendedores em seus pacotes turísticos, emprego de mão de obra local, redução de poluição no transporte, neutralização de emissões de gás carbônico, entre outras iniciativas (boxe 12).

Boxe 12 – Operadoras de destaque em suas práticas responsáveis

Geckos Adventures (Austrália)

É uma operadora de turismo australiana que escolheu maximizar os impactos positivos econômicos e sociais dos seus passeios, bem como gerar maior proximidade com a cultura do país que se visita. Os grupos são pequenos, acompanhados por um guia local do país, que organiza os detalhes da viagem. Os passeios utilizam alojamento de propriedade local (e não de cadeias internacionais), transporte local, restaurantes familiares e apoiam o empreendedorismo local (por exemplo, padarias a lavanderias pequenas). Tal postura gera empregos localmente porque inclui em seus *tours* a prestação de serviços de guias locais, por meio de parcerias com organizações e outros prestadores de serviço, mas também porque precisa do conhecimento de pessoas do lugar para promover encontros e utilizar rotas mais criativas. Ademais, zela para que o turista possa compreender e respeitar os hábitos das pessoas. Seu segmento de mercado é constituído por jovens adultos (20 a 40 anos) que se interessam por viagens independentes; seu foco, diferentemente de tantas outras empresas que militam no campo do turismo responsável, não é ligado ao mercado de luxo (coberto por outra empresa do grupo, chamada Peregrine). Isso se traduz por preços competitivos dentro do segmento. A Geckos recebeu a premiação Responsible Tourism Award (RTA) em 2007 por sua reconhecida atuação responsável.

> **Intrepid Travel (Reino Unido)**
>
> Esta operadora britânica, iniciada por dois amigos viajantes em 1989, atua no segmento que privilegia práticas responsáveis de turismo e promove esta diferenciação em seus produtos e pacotes turísticos. A empresa tem sido reconhecida por seus esforços para promover negócios localmente nos destinos turísticos e pela eficácia da sua fundação, a Fundação Intrepid, que apoia projetos relacionados com saúde, educação, direitos humanos, bem-estar da criança e proteção do ambiente e dos animais selvagens nos destinos turísticos visitados. Os turistas podem doar recursos, que serão integralmente repassados para fundos de apoio às organizações que implementam projetos em todo o mundo. A Intrepid foi premiada, em 2006, como melhor operadora responsável do mundo.

Fontes: <www.geckosadventures.com> e <www.intrepidtravel.com>. Acesso em: jan. 2012.

Como mostram os exemplos relatados, em termos práticos há esforços direcionados para tornar o produto turístico, isoladamente ou nos destinos, mais responsável e competitivo dentro de uma parcela do mercado consumidor que valoriza tais aspectos (Griffin e Boele, 1997; Font e Harris, 2004).

No Brasil, poucos ainda são os estudos empíricos que se debruçam sobre a responsabilidade socioambiental de empresas do turismo. Uma das exceções é a pesquisa de Carvalho e Alberton (2007) acerca dos meios de hospedagem na estrada Real (MG). As autoras identificaram que a maioria das empresas entrevistadas não praticava ações de responsabilidade (57%). Entre as que o faziam, o aspecto social (que abordava questões relativas a funcionários, fornecedores e comunidade local) era mais recorrente do que o ambiental (que dizia respeito ao uso mais eficiente de recursos, reciclagem de materiais, gestão de resíduos sólidos e educação ambiental).

A fim de oferecer um guia mais amplo das possibilidades de atuação responsável que transcenda as experiências isoladas de empresas, a Organização Mundial do Turismo (UNWTO,2004) identificou 28 iniciativas de autocomprometimento no turismo. Elas são ações em conjunto e vão além das obrigações legais das empresas e demais organizações públicas e do terceiro setor. Tais iniciativas dividem-se em códigos, decretos, orientações e redes, em que predominam as iniciativas de parceria público-privada (boxe 13).

Boxe 13 – Iniciativa de limpeza internacional de áreas costeiras nas Filipinas: parcerias entre setores

> A iniciativa, considerada um imenso esforço voluntário de limpeza de ambientes marinhos, iniciou-se sob coordenação da atual The Ocean Conservancy (TOC), uma organização ambientalista criada em 1979 nos EUA. Nas Filipinas, o evento iniciou-se em 1994, com administração da International Marinelife Alliance (IMA) e apoio financeiro da Agência para o Desenvolvimento Internacional dos Estados Unidos (Usaid). Tem como objetivo "remover detritos de qualquer fonte que esteja no meio ambiente marinho, promover conscientização sobre o tópico de detritos marinhos e gerar alterações positivas em todos os níveis da sociedade, utilizar informação obtida na formulação de um programa e política de melhor controle de resíduos sólidos e incutir a importância de um ambiente costeiro limpo, saudável e sustentável" (UNWTO, 2004:240). A IMA, juntamente com seus parceiros privados e membros da organização, realiza o mutirão de limpeza anualmente, workshops sobre educação ambiental e manejo de lixo. O evento fez o país ser reconhecido pelo TOC, desde 2008, como uma referência mundial da limpeza dos ambientes marinhos, em função do expressivo número de participantes na ação, que saltou de 3 mil voluntários em 1994 para 600 mil em 2000. Ademais, por conta de importantes parcerias, estabeleceu atividades de limpeza e programas semelhantes no meio marítimo e em outros destinos.

Fonte: UNWTO (2009).

Como tentativa de identificar, para o mercado, quais são as empresas inseridas em ações de sustentabilidade, foram criados mecanismos, tais como selos, certificações e prêmios. Eles permitem uma comunicação mais clara dos princípios e das ações adotadas no mundo empresarial aos respectivos públicos, bem como oferecem maior confiabilidade aos interessados em se relacionar com a empresa (investindo, comprando ações, adquirindo produtos e serviços etc.).

No que diz respeito aos selos e certificações, é possível vê-los florescer em muitas escalas (locais, nacionais, globais) e tomar inúmeros contornos. Eles são distribuídos por organizações internacionais, ONGs, associações setoriais, governos ou entidades certificadoras. Como exemplos de certificações no turismo, Hammond (2007)[40] destaca desde iniciativas locais – como a da Associação dos Operadores de Turismo Independente do Reino Unido (Aito), representante de cerca de 150 operadores turísticos, que concebeu e gerencia sua própria certificação no setor – até outras, de alcance global, como a GreenGlobe.

A UNTWO (2004), por sua vez, analisou 59 projetos de selos ecológicos ligados ao turismo até o ano de 2001. Desses, a grande maioria diz respeito a produtos turísticos europeus (78%). Apenas 5% dos selos estão presentes em todos os continentes, revelando uma área de atuação mundial. Ainda predominam aqueles que consideram os critérios ambientais de desempenho como principais objetivos de sustentabilidade (63%), seguido dos critérios socioculturais (22%) e econômicos (15%). Um exemplo é apresentado no boxe 14.

Boxe 14 – Selo *smart voyager* para passeios turísticos de barco no Equador

> O programa, que instaurou padrões de qualidade para operações de barcos turísticos nas ilhas Galápagos (Equador), é financiado e administrado pela Conservation y Desarrollo, em parceria com a Rainforest Alliance. O objetivo é estimular as operadoras de turismo quanto ao "bem-estar socioeconômico e a qualidade de vida dos trabalhadores e de suas famílias, além de proteger os recursos naturais singulares da área preservada", por meio de 12 critérios de conduta e mensuração, que deverão ser atendidos em, ao menos, 80% para a concessão da certificação. No ano de 2000, cinco licenças foram expedidas aos empreendimentos dessa categoria (de um universo de 20 grandes navios), os quais contribuíram para os objetivos conservacionistas, em colaboração com o Serviço de Parques Nacionais de Galápagos e com a Fundação Charles Darwin.

Fonte: UNTWO (2004).

---

[40] Ver <www.greentraveller.co.uk/node/154>. Acesso em: jan. 2012.

Font e Harris (2004) analisaram em detalhes esse mesmo conjunto de programas de selos e certificações e constataram que apenas sete eram voltados para países em desenvolvimento e que 40% dos critérios referiam-se, exclusivamente, a aspectos gerenciais ou impactos estritamente ambientais. Somente a partir de 2002 começaram a ser incorporados novos aspectos na mensuração do turismo sustentável para fins de certificação, como questões de justiça social, alívio da pobreza, comércio justo, gênero, participação social, relações de trabalho, qualidade de vida de produtores e comunidade (Font e Harris, 2004). Isso mostra a incompletude da maior parte das certificações dentro do tripé da sustentabilidade, mas também um avanço delas nesse rumo.

Um dos casos considerados de sucesso no quesito sustentabilidade do turismo e suas consequências no mundo empresarial é a certificação da Costa Rica, que redundou em impactos não apenas nos empreendimentos isolados, mas também na imagem do destino como um todo. O programa destaca-se em virtude de seu custo reduzido e da assistência que os empreendimentos recebem antes de pleitear tal acreditação, para que ajustem suas práticas.[41]

---

[41] Este destino foi incluído no programa "Excelência em Turismo", desenvolvido em parceria pelo Ministério do Turismo, Sebrae e Embratur. Informações em: <www.excelenciaemturismo.gov.br>. Acesso em: 4 jan. 2012.

Boxe 15 – Costa Rica: compromisso com a sustentabilidade apoiado pela certificação

A Costa Rica tem apenas 51 mil km^2, mas é um dos países mais ricos em biodiversidade do mundo, o que atrai mais de 1 milhão de turistas internacionais por ano. O país tomou a decisão de apoiar o desenvolvimento sustentável, especialmente no turismo. Além disso, sua promoção se baseia em elementos naturais: "Costa Rica – nenhum ingrediente artificial".

Um dos poucos instrumentos disponíveis para a diferenciação entre empresas sustentáveis e empresas convencionais é a certificação por meio do programa governamental CST (Certification for Sustainable Tourism). O programa, criado no início da década de 1990 pelo Comitê Nacional de Turismo, surgiu em resposta à percepção da necessidade de se fazer a distinção de empresas turísticas que verdadeiramente se preocupavam com a conservação dos recursos naturais e a proteção do meio sociocultural. O programa CST foi criado para atestar as empresas que são social e ambientalmente responsáveis e que mantêm um elevado nível de satisfação dos consumidores. O instrumento de certificação é composto de 153 questões, abrangendo quatro áreas fundamentais: ambiente físico e biológico, instalações físicas, cliente externo e contexto socioeconômico. As perguntas são projetadas para serem autoexplicativas, isto é, o empresário poderá fazer uma primeira autoavaliação e, em seguida, melhorar as características do seu negócio, sem a necessidade de consultores externos. A certificação é concedida por uma comissão independente quando a empresa apresenta o mínimo de critérios obrigatórios e atinge uma pontuação mínima de 20% em cada uma das quatro áreas básicas. O CST tem tido um efeito salutar sobre a indústria turística da Costa Rica, pois oferece credibilidade por meio de um conjunto de critérios objetivos para a sustentabilidade. Alguns pontos fortes do programa podem ser ressaltados:

- apoio governamental, possibilitando uma certificação com baixo custo para as empresas;
- padrões técnicos e éticos altos, tornando-o um dos melhores do mundo;
- formação de uma junta de acreditação independente com grande representatividade;
- reconhecimento oficial e seu amplo uso no mercado da Costa Rica.

Fonte: adaptado de Unep e UNWTO (2006).

Também como estímulo a práticas empresariais responsáveis e sua divulgação, existem as premiações que levam em consideração as ações socioambientais das empresas (boxe 16) e dos destinos turísticos.

Boxe 16 – Prêmio PRHTA para meios de hospedagem ambientalmente corretos em Porto Rico

> O prêmio, que tem como propósito reconhecer os empreendimentos de hospedagem que assumiram medidas ambientalmente corretas em todo o seu desenvolvimento é administrado pela Puerto Rican Hotel e Tourism Association (PRHTA), associada à Pat Molther (consultoria ambiental). São aproximadamente 120 requisitos na lista de verificação para sua concessão, incluindo desde aspectos gerenciais a aspectos operacionais dos meios de hospedagem. Existem duas premiações: Green e Most Improved. No ano de 2000, quatro produtos foram premiados, de um total de 16 hotéis, e inscritos para concorrer ao prêmio. Os resultados apontam uma redução no volume de lixo, além da melhoria no programa de reciclagem, no empreendimento vencedor do prêmio Green Hotel (Westin Rio Mar Hotel).

Fonte: UNWTO (2004).

O prêmio Responsible Tourism Award (RTA) possui destaque mundial porque exerce um papel crucial de divulgação de iniciativas para um mercado especializado, dando visibilidade a organizações grandes e pequenas, e a destinos turísticos como um todo. É um dos mais reconhecidos e interessantes por ser aberto para organizações em todo o mundo e por contar com uma banca de especialistas – organizada pelo International Centre for Responsible Tourism – que opinam a partir das indicações do público.[42] Este prêmio é entregue anualmente, desde 2004, durante o World Travel Market, maior feira mundial do setor do turismo, o que contribui para estreitar o elo entre a academia e o mercado turístico. Em oito anos de atuação já foram realizadas mais de 10 mil indicações pelo público, 201 organizações foram premiadas em 51 países. Como exemplo, o boxe 17 apresenta alguns dos ganhadores e a justificativa de sua eleição no ano de 2008.

---

[42] Ver <www.responsibletourismawards.co.uk>. Acesso em: 4 jan. 2012.

Boxe 17 – Responsible Tourism Awards (vencedores de 2008)

Melhor operadora de turismo: Explore (Reino Unido). Foi reconhecida por formar e empregar dirigentes de turismo local, estimular seus fornecedores a oferecer produtos responsáveis, investir £ 300 mil em projetos de eficiência energética, incluindo os fogões de cozinha (no Camboja) e por nomear um gerente de turismo responsável em tempo integral.

Melhor pequeno meio de hospedagem: NkwichiLodge (Moçambique). Por demonstrar como uma pousada de luxo no segmento de ecoturismo pode contribuir ao aplicar uma taxa de US$ 5 por pessoa, cobrada a cada diária. Também por seu papel na criação da Associação Umoji, que representa 20 mil pessoas locais e que, por meio de seus chefes e representantes eleitos, ajudou seis comunidades a garantirem seus direitos à terra.

Melhor para a conservação de espécies ameaçadas ou em área protegida: Gamewatchers & Safaris Porini Camps (Quênia). Por demonstrar que a abordagem alto faturamento/baixo impacto pode beneficiar a comunidade Massai, permitindo utilizar as unidades de conservação para o turismo em parceria com empresas de safári, a fim de criar emprego e conservar a vida selvagem.

Melhor para a conservação do patrimônio cultural: Shigar Fort – Projeto de Restauração do Palácio (Paquistão). Pela delicada restauração desse edifício histórico e sua utilização como um hotel, que colocou a propriedade a serviço da comunidade, gerou empregos, oportunidades para microeempredimentos e empoderamento social e cultural para os homens e mulheres locais.

Melhor para a redução da pobreza: Projeto Good is Gambia (Gâmbia). Por demonstrar aos agricultores locais (mil produtores, sendo 90% mulheres) que é possível produzir 20 toneladas de legumes e frutas na alta estação do turismo e suprir os hotéis, fazendo uma contribuição real para a redução da pobreza na Gâmbia.

Melhor destino e vencedor especial: Nova Zelândia <www.newzealand.com>. Em razão da implementação de uma abordagem integrada para o desenvolvimento do turismo em nível nacional. A gestão identifica e atrai os turistas que mais contribuem para a economia, com foco na lucratividade e não apenas no número de chegadas, espalhando os benefícios do turismo e integrando as questões ambientais em seu padrão de qualidade Qualmark Green.

Fonte: <www.responsibletravel.com/awards/>. Acesso em: 4 jan. 2012.

As certificações e prêmios têm como finalidade ampliar o reconhecimento do mercado, dos investidores e, claramente, dos consumidores acerca das boas práticas de responsabilidade das empresas e destinos turísticos. Afinal, parte-se da premissa de que a sustentabilidade, quando incorporada ao comportamento dos consumidores, pode ter rebatimento nos produtores do turismo: desde a escolha de fornecedores a ajustes nas operações e nas escolhas de destinos, gerando um ciclo virtuoso (Unep, 2005; Unep e UNWTO, 2006).

No entanto, há poucos indícios que levam à certeza de que o consumidor realmente se importa. Enquanto alguns estudos apontam que esse é um diferencial para a criação de valor da marca, para a escolha de compra, satisfação e fidelidade do cliente, outros afirmam que esse fator não exerce influência alguma, principalmente porque os clientes percebem que há pouca informação disponível sobre as ações e são parcialmente céticos em relação à promoção do bem que uma empresa afirma estar fazendo (Serpa e Fourneau, 2007). Especificamente para o setor do turismo no Brasil, existem estudos preliminares interessantes e que merecem ser aprofundados, tais como o de Lenziardi, Mayer e Ferreira (2010).

Internacionalmente, um quadro interessante, composto por consumidores, foi feito pela TUI, a maior operadora de turismo do mundo. A companhia lançou uma pesquisa sobre as viagens que comercializa, com o objetivo de criar uma base de dados internacional que apoie os futuros passos da estratégia e da comunicação sobre a sustentabilidade da empresa. Para isso, foram realizadas, aproximadamente, 4 mil entrevistas online com turistas[43] em seus oito principais mercados

---

[43] Definidos como pessoas que fizeram ao menos uma viagem aérea, com permanência de cinco dias nos últimos dois anos.

emissores: EUA, Reino Unido, França, Alemanha, Bélgica, Holanda, Suécia e Rússia. Os dados auxiliam na compreensão da problemática de incorporação da sustentabilidade dentro do consumo das viagens de lazer (boxe 18).

Boxe 18 – Tui Travel Sustainability Survey 2010

1- Familiaridade e relevância da sustentabilidade na vida cotidiana – A maioria (51%) demonstrou familiaridade com o termo sustentabilidade, enquanto 15% afirmaram não ter qualquer familiaridade. Já o interesse pessoal por sustentabilidade (45% das respostas) é menor do que a familiaridade com o conceito. Aqueles que relataram interesse, ressaltaram três temas: poluição, proteção de fauna e flora, mudanças climáticas e emissão de carbono. Os temas mais associados por eles com sustentabilidade foram relativos a questões ambientais, tais como proteção de recursos naturais (70%), enquanto as questões sociais tiveram baixo índice de associação. O comportamento "verde" no dia a dia que se destaca diz respeito à separação do lixo para reciclagem (84%). No extremo dos hábitos "verdes" menos praticados estão as viagens ambientalmente corretas (47% praticam com alguma frequência).

2 - Percepções sobre o impacto ambiental das viagens – Em comparação com outras indústrias, 62% consideraram que o setor de viagens e turismo gera impactos negativos ao meio ambiente, ficando atrás de indústrias como a automotiva, a energética, a da construção civil e a petrolífera (em primeiro lugar, com 89%). Dentro das viagens, o transporte foi considerado o principal vilão ambiental, concentrando 43% dos impactos ambientais totais das férias. No outro extremo, foi citado planejamento da viagem (10%). Quanto à responsabilidade pelos danos, o governo do país receptor e as companhias aéreas foram considerados, em percentuais idênticos, como os principais responsáveis (40%), seguidos das operadoras (32%). Os turistas, em si, foram considerados responsáveis por apenas 20% dos danos ambientais causados pelo turismo. Entre as três práticas que possibilitariam viagens mais sustentáveis predominam, entre os respondentes, as ideias de utilização eficiente dos recursos nos hotéis (68%), comércio justo nos destinos e redução de emissões das aeronaves (64% cada). Projetos sociais nos destinos e neutralização de carbono foram os menos citados, contudo refletiram a opinião de 59% e 57% dos turistas, respectivamente. Áreas que as empresas turísticas devem focar, na opinião dos respondentes: a preservação da natureza deve ser o principal foco (70%); a economia de energia, água e recursos naturais, bem como as condições de trabalho justas no destino (55% cada).

> **3 - Familiaridade com o termo viagens sustentáveis e vontades/barreiras em praticá-las** – Apenas 20% estavam familiarizados com o termo viagens sustentáveis. A maioria (74%) não praticou esse tipo de viagem nos últimos quatro anos. Quanto ao preço percebido acerca das viagens sustentáveis, 71% consideram que esse segmento custa mais e somente 7% entenderam que o custo é menor. Dos respondentes, 64% acreditam que as empresas deveriam ser mais claras sobre o que elas fazem para promover a sustentabilidade. Na escolha do destino da viagem, 39% entendem que os impactos sobre as comunidades locais são relevantes e 35% entendem que os impactos ambientais são relevantes. Dos entrevistados, 42% declaram-se preocupados com os impactos ambientais das viagens que fazem. Somente 27% das pessoas procuram por acomodações responsáveis pelo meio ambiente e 31% indicam estar preparadas para viajar menos nas férias, tendo em vista reduzir a poluição causada. Chama atenção a constatação de que 39% desejam deixar de lado as considerações sobre meio ambiente e sociedade enquanto viajam de férias.
>
> **4 - Credibilidade das "mensagens verdes"** – Quase a metade das pessoas não sabe o que pensar sobre a credibilidade das "mensagens verdes" da indústria de viagens e turismo. Do total, apenas um terço vê tais mensagens como confiáveis. As certificações ainda são pouco conhecidas e 55% dos entrevistados desejariam mais informações sobre o que as empresas estão fazendo para se tornar mais sustentáveis. A maioria (66%) estaria disposta a promover pequenas mudanças de comportamento.

Fonte: Group Marketing Tui Travel (2010).[44]

A pesquisa da TUI (2010) divulga quatro principais barreiras para os turistas realizarem viagens dentro de preceitos da sustentabilidade, quais sejam: (a) maior preço; (b) dificuldade em encontrar uma viagem desse tipo; (c) o fato de o meio ambiente não ser um assunto determinante para a escolha do local para as férias entre seus clientes; e (d) a ideia de que as pessoas se importam, mas querem, sobretudo, relaxar durante suas férias. Em conclusão, a parte mais animadora dos dados revela que as pessoas desejariam obter mais informações sobre o que as empresas estão fazendo para se tornar mais sustentáveis e estariam dispostas a promover pequenas mudanças de comportamento.

---

[44] International Consumer Research. Disponível em: <www.tuitravelplc.com/tui/uploads/qreports/1TUITravelSustainabilitySurvey2010-External.pdf>. Acesso em: 4 jan. 2012.

O lugar das micro e pequenas empresas do turismo na sustentabilidade de destinos turísticos

O discurso de que pequenas empresas podem ser socialmente benéficas, iniciado na década de 1970, encontra-se ancorado na noção de *small is beautiful* (Schumacher, 1997). Esse discurso tem estado presente nas políticas públicas internacionais desde a década de 1980, colocando-as em oposição às grandes empresas. Dentro dessa lógica, as pequenas empresas tendem a ser consideradas positivas no contexto de uma crise moral e ambiental (Goss, 1991), premissa também considerada no discurso da sustentabilidade.

Dentro dessa concepção, as pequenas empresas são entendidas como vitais para a economia de mercado de cada país por causa de sua capacidade de criar empregos, especialmente em tempos de recessão, de gerar inovação e também por serem marcas do espírito empreendedor e fomentarem espaço para competição de mercado (Smith, Kemp e Duff, 2003). As micro e pequenas empresas (MPE) são tomadas como dinamizadoras de economias locais e como potenciais geradoras de crescimento e desenvolvimento endógeno (Amato Neto, 2000; Costa, 2001). Autores como Hillary (2000:19) são enfáticos ao afirmar: "se sustentabilidade é um objetivo significativo para as sociedades, as empresas de pequeno porte devem ser inseridas no processo".

No Brasil, o conjunto das micro e pequenas empresas respondeu, em 2002, por 99,2% do número total de empresas formais (Sebrae, 2005). Porém muitos são os problemas que elas enfrentam para sobreviver. Três aspectos são marcantes nesse segmento de empresas: o alto número anual de aberturas, a baixa participação em redes associativas e o expressivo número de falências.

No turismo brasileiro, 97% das empresas têm até 19 pessoas ocupadas e empregam cerca de 60% da mão de obra do setor (IBGE, 2007). Mas isso não é a realidade do setor apenas no Brasil. Na Europa, 94% do total de empresas de turismo empregam até 10 pessoas (Comissión Européa, 2003). Na Áustria, 90% dos negócios do turismo empregam menos de 10 pessoas, enquanto na região da Andaluzia, na Espanha, 89% das agências de viagem e 81% dos hotéis empregam menos de 10 pessoas (OECD, 2008). Esse quadro mostra a predominância das empresas de porte reduzido dentro do setor do turismo, justificando parte da atenção dada ao tema. Além de sua quantidade expressiva, empresas de pequeno porte[45] representam um papel comercial fundamental no turismo pelo contato direto com o turista, tornando-as responsáveis por grande parte da experiência turística ofertada pelo destino (Clarke, 2004).

O IBGE (2007) apontou no Brasil um quadro macroeconômico para o turismo em que 352.224 empresas operam principalmente nos segmentos característicos da atividade,[46] com valor bruto agregado de produção de R$ 76 bilhões. As empresas de pequeno porte,[47] apesar de representarem 97% do total de

---

[45] No Brasil, o Sebrae oferece como alternativa simplificada para a classificação das empresas a utilização do número de pessoas ocupadas, de acordo com a atividade. Para o setor de serviços, são entendidas como microempresas aquelas com até nove pessoas ocupadas e como pequenas empresas aquelas com 10 a 49 pessoas ocupadas.

[46] São considerados segmentos característicos do turismo aqueles "que deixariam de existir em quantidade significativa, ou para os quais o nível de consumo seria sensivelmente diminuído em caso de ausência de visitantes e para os quais é possível obter informações estatísticas" (IBGE, 2007:1). Tal estudo pode ser criticado por incluir todas as empresas de alimentação do país em suas estatísticas, provocando uma noção superestimada do setor de turismo. Todavia, são os dados mais específicos e atualizados sobre o turismo consolidados por fonte oficial de informações estatísticas brasileiras.

[47] Consideradas pelo IBGE com até 19 empregados, diferentemente da classificação aqui adotada.

empresas do setor, responderam por uma receita operacional líquida de somente 26,29% do total. Considerando o pessoal ocupado no setor, as empresas de pequeno porte, em 2003, foram responsáveis por 60% dos trabalhadores, gerando R$ 5,5 bilhões em salários e outras remunerações, ou seja, 35,8% do total de remunerações do setor. Os dados mostram que, mesmo representando numericamente a minoria (2,8%), as empresas médias e grandes (20 ou mais pessoas) responderam por 73,70% do total estimado para a receita operacional líquida das atividades do turismo, o que demonstra uma estrutura ainda concentrada de produção nas grandes companhias e fragilidade por parte da grande massa de pequenas empresas (IBGE, 2007).

No turismo, pode-se dizer que existe uma relação entre o porte das empresas e as atividades desempenhadas por elas na cadeia produtiva. Dentro de uma realidade internacional, as pequenas empresas de turismo são, geralmente, vinculadas a atividades de recepção, agenciamento emissivo, entretenimento, alimentação e acomodação (OECD, 2008). Existem, certamente, grandes empresas que operam nessas atividades, porém estes são os elos da cadeia produtiva em que são encontrados números expressivos de pequenas empresas, tendo em vista as menores barreiras de entrada no mercado e a possibilidade de iniciar os negócios com um capital limitado.

Mundialmente, em virtude de seu grande número, são muitos os recursos que as pequenas empresas utilizam na produção de bens e serviços, e é grande a quantidade de pessoas que elas empregam, tornando-as críticas para a problemática da sustentabilidade. Como ilustração, dados de 1994 e 1995 da Austrália mostram que 97% das empresas eram pequenas e respondiam por metade da mão de obra empregada no setor privado (Gerrans e Hutchinson, 2000). Já o impacto total das pequenas empresas em forma de poluição e degradação ambiental é desconhecido. Existem estimativas, porém, apontando que 70% da poluição industrial mundial de todos os setores reunidos provêm das empresas de pequeno porte (Hillary, 2000). O dado parece um tanto exagerado, mas serve para alertar que mesmo as pequenas empresas são fontes de grandes impactos agregados, tanto positivos quanto negativos, seja nos ecossistemas, na sociedade ou na economia.

Entre os impactos positivos das pequenas empresas do turismo, encontra-se o fortalecimento da economia dos destinos turísticos promovido por elas. Sachs (2000) entende que empresas de pequeno porte ocupam um lugar de destaque na busca por sustentabilidade porque possibilitam não apenas gerar renda, mas também dividi-la, fazendo a interface entre necessidades de desenvolvimento econômico e inclusão social. Um exemplo dos benefícios econômicos gerados pelas pequenas empresas é visto em Creta (boxe 19).

Boxe 19 – Menores empresas de hospedagem, maiores benefícios para a ilha de Creta (Grécia)

A economia de Creta é fortemente dependente do turismo. Em 1997, cerca de 2,5 milhões de turistas visitaram a ilha. Estima-se que 40% dos habitantes da localidade estejam ligados, direta ou indiretamente, à atividade turística. E muito de sua prosperidade está ligada ao turismo. Eram registrados em Creta, no ano de 1998, 751 meios de hospedagem (MH). Além desses, sabe-se que existem inúmeros outros informais e não registrados.

Os MH são conhecidos por gerar empregos e divisas para as localidades em que se encontram. Quando esse setor é dominado por grandes meios internacionais de hospedagem, tende a haver muitas remessas de lucro para o exterior, em detrimento da manutenção dos ganhos na economia local. Na realidade de Creta, segundo Andriotis (2002), quanto menores as empresas de hospedagem, maiores os benefícios para a economia local. Afinal, os menores meios de hospedagem pertencem a famílias locais, compram mais de fornecedores locais e empregam mais moradores da própria ilha. Ou seja, ajudam a maximizar os efeitos econômicos positivos do turismo, ampliando seu efeito multiplicador.

Fonte: adaptado de Andriotis (2002).

Se por um lado existem argumentações recheadas de conotações positivas quanto às pequenas empresas, entendendo que elas criam um ambiente local inovador e economicamente ágil, por outro lado há argumentações que destacam suas limitações. Empresas de pequena escala compartilham algumas características que as fragilizam, entre elas: a alocação de grande parte do patrimônio do proprietário no negócio; o fato de as equipes de gestão tenderem a ser incompletas e dotadas de pouco conhecimento específico de gestão empresarial, como marketing e finanças; o fato de serem altamente sujeitas às dificuldades externas e terem pouco ou nenhum poder para influenciá-las (Page, Forer e Lawton, 1999). Especialmente em países pobres, elas são conhecidas por deterem tecnologias ultrapassadas, contarem com gestão pouco estruturada, desconhecerem partes da legislação, além de terem pouco capital para investimento (Hillary, 2000; Sebrae, 2005).

No setor do turismo, outros desafios estão relacionados ao fato de haver tantas pequenas empresas: a necessidade de intermediários para alcançar mercados mais distantes, a dificuldade de comunicação com inúmeras outras empresas e a escassez de pesquisas (Smith, 2006). Isso leva a crer que uma gestão menos profissionalizada, pouco capitalizada e com pressões menores para adoção de conceitos da administração contemporânea – como responsabilidade socioambiental – propicia que as pequenas empresas originem fortes impactos negativos em nível agregado.

Além de custos sociais, Smith, Kemp e Duff (2003) averiguaram que as pequenas empresas reconhecem que há pressões para modificar seu comportamento ambiental; entretanto, grande parte delas julga que seu impacto é irrelevante, o que as leva a posturas reativas ou inativas quando se trata de questões ambientais (Clarke, 2004). Hillary (2000) conclui que as pequenas empresas desconhecem seus impactos ambientais e grande parte da legislação ligada ao tema, além de ignorar a importância da sustentabilidade. Sobretudo, diz a autora, tais empresas são difíceis de alcançar, mobilizar e engajar em ações de melhoria ligadas ao ambiente.

Ao conduzir a discussão para micro e pequenas empresas de turismo, cabe pensar as razões que as levariam a preservar o meio ambiente e promover inclusão social de modo deliberado, não obstante todos os desafios da sobrevivência do negócio. Afinal, essas empresas não detêm o valor de marca e reputação global das grandes nem sofrem pressões sociais e legais tão intensas, nem têm capital e outros recursos para investir em áreas que não as finalísticas de seus estabelecimentos.

Jogando luz sobre esse assunto pouco explorado, Horobin e Long (1996) investigaram a sensibilidade ao tema da sustentabilidade entre as pequenas empresas de turismo nos arredores de um parque nacional na Inglaterra, englobando intenções e ações efetivadas. Ainda que o conceito de sustentabilidade explorado pelos autores seja mais estreito do que aquele aqui adotado, os resultados são relevantes (boxe 20).

Boxe 20 –Sustentabilidade e o papel das pequenas empresas de turismo na Inglaterra

> O Parque Nacional Yorkshire Dales é uma área de belezas naturais que tem sofrido muitas pressões ambientais. Lá os atrativos naturais são essenciais para a sobrevivência das empresas que exploram o parque. As pequenas empresas de turismo da localidade concordaram fortemente com as premissas da sustentabilidade, o que não surpreende, pela facilidade em concordar com os princípios genéricos. Entretanto, apesar de a maioria aceitar a ligação entre seus negócios e o meio ambiente, grande parte destes nunca agiu de modo ambientalmente correto por falta de motivação ou de tempo. As pequenas empresas que agiram, promoveram: reciclagem, substituição de produtos de limpeza por outros mais ecologicamente corretos (ainda que

> a maior parte tenha voltado a consumir os primeiros em função dos resultados inferiores oferecidos pelos substitutos), redução de energia, informação ao turista sobre a área e como eles poderiam ajudar a preservá-la, redução do uso de veículos e substituição de produtos com embalagem de uso único por aquelas reutilizáveis (manteiga, xampu) e, por fim, utilização de materiais locais em reformas. Ainda que aceitem ações ambientalmente mais corretas dentro da empresa, a maior parte dos empresários não concordou em reduzir o número permitido de turistas no destino. Eles concordaram, apenas, que seus impactos devam ser mais bem-administrados, para degradar menos o meio ambiente local, já que o futuro do destino depende de recursos bem-cuidados. Dentro da lógica das pequenas empresas de turismo, percebeu-se a necessidade crítica de transformar boas intenções em ações. Apesar de não conclusivo, o estudo mostrou que aqueles que tendem a discordar mais das premissas da sustentabilidade são os empresários mais voltados para o lucro como motivação primordial. Entretanto, eles tendem a agir de modo ambientalmente mais correto quando se provam resultados lucrativos. Isso fez os autores concluírem que as estratégias de sustentabilidade devem se mostrar lucrativas; caso contrário, tendem a não ser implementadas por empresas de pequeno porte.

Fonte: adaptado de Horobin e Long (1996).

Horobin e Long (1996) defendem que não há incompatibilidade entre interesses no lucro e abertura para implementação de ações de sustentabilidade entre as pequenas empresas. Antes, pelo contrário, nos provocam a pensar que ambas as atitudes podem caminhar juntas.

As motivações do proprietário para estabelecer e gerir o negócio têm-se mostrado relevantes para a explicação do comportamento de empresários de MPE de turismo.[48] Afinal, se tais motivações moldam escolhas e objetivos comerciais dos empresários de pequeno porte (Thomas, 1998), poderiam também influenciar aspectos de responsabilidade ante o desafio do desenvolvimento sustentável.

---

[48] Horobin e Long (1996); Dewhurst e Horobin (1998); Thomas (1998); Hall e Rusher (2004).

Davies (2001, apud Thomas, 2007) afirma que pequenas empresas com raízes na localidade onde operam possuem maior senso de responsabilidade e, por isso, maior tendência ao envolvimento com parcerias em prol do local. No entanto, essa generalização parece um pouco ingênua. É possível afirmar com segurança, conforme observado por Thomas (2007), que entre as MPE de turismo existem aquelas que operam dentro de um conjunto de prioridades voltado para melhorias do local onde vivem. Isso revela a existência de um grupo de pequenas empresas que agem conforme uma ideologia coerente com um estilo de vida do proprietário, chamadas "empresas ideológicas", das quais se esperam maiores articulações e preocupações com o local em que se inserem (Thomas, 2007).

Considerando os ganhos potenciais das pequenas empresas em termos de desenvolvimento local e suas limitações para alcançar tais objetivos, faz-se necessária a combinação de várias políticas complementares para ampliar sua capacidade de gerar impactos positivos. Entre elas encontram-se o estímulo à formalização dos negócios; o empreendedorismo coletivo; a atividade empresarial compartilhada e a competitividade de pequenos produtores; o estabelecimento de conexões entre empresas de diferentes portes e o uso de compras do governo para aquecer a produção de pequenas empresas (Sachs, 2000). Percebe-se, então, que a articulação entre empresas de pequeno porte é ressaltada como promotora de fortalecimento e de desenvolvimento local.

Experiências empíricas indicam que as relações de cooperação entre pequenas empresas podem gerar externalidades positivas para os locais em que elas se encontram, tais como oferta de trabalho no local, mobilidade social, mudança de fluxos migratórios e fortalecimento do tecido produtivo (Costa, 2001). Fica evidente que os maiores potenciais atribuídos às ações das pequenas empresas no que toca ao desenvolvimento local tendem a não se realizar quando elas agem isoladamente, já que, sozinhas, não têm poder de barganha para implementar estratégias vinculadas ao mercado e à inovação do produto (Ramirez-Rangel, 2001); tampouco detêm poder para influenciar os rumos do desenvolvimento local.

As relações de cooperação desenvolvidas por tais empresas podem desempenhar um papel central em destinos turísticos e suas comunidades, na estruturação da governança local em busca de um padrão sustentável de desenvolvimento (Beritelli, 2011) e na busca por competitividade. Do ponto de vista das iniciativas de desenvolvimento, a ação coletiva faz sentido porque possibilita intervir, por meio da cooperação, em questões dificilmente sanadas por uma empresa isolada (Gray, 2007). Do ponto de vista da competitividade, as empresas podem compartilhar recursos e originar vantagens tais como infraestrutura, acesso a mercados, novos produtos, apoio de instituições de educação e tecnologia, fornecedores, associações etc. (Puppim de Oliveira, 2009).

No setor de turismo, tem sido crescentemente reconhecida a importância das relações de cooperação para a competitividade e sustentabilidade dos destinos turísticos. Tal fato está ancorado em algumas razões:

- a natural aglomeração territorial que é um destino turístico, resultando em concentração física de prestadores de serviço e órgãos de fomento dessa cadeia produtiva, em virtude da conjunção de recursos privados;
- a expressiva quantidade de MPE que compõem o setor turístico;

- os bens coletivos que compõem a oferta do turismo no destino turístico, o que requer uma gestão compartilhada e participativa para garantir o acesso e a perpetuação desses recursos que, muitas vezes, são os atrativos turísticos que condicionam, ao lado de outros aspectos, a sobrevivência das pequenas empresas no longo prazo.

No turismo brasileiro, as relações entre MPE têm sido fomentadas, especialmente, por meio de políticas públicas de apoio à roteirização e pelo fomento de arranjos produtivos locais (APL). APL são aglomerados territoriais de empresas ou produtores, especialmente de pequeno porte, que podem se valer da ação conjunta ou da cooperação a fim de alcançar melhores patamares de competitividade e de desenvolvimento (Pyke e Sengenberger, 1993; Sawyer e Lourenço, 2001; Caporali e Volker, 2004). No turismo, os arranjos produtivos locais podem ser desenvolvidos em destinos turísticos, regiões ou roteiros. O quadro 9 apresenta alguns dos APL em turismo trabalhados pelo Sebrae, ao lado de seu público-alvo e objetivo geral.

Quadro 9 – Perfil dos APL de turismo promovidos pelo Sebrae no Brasil

APL	UF	Público-alvo local	Objetivo geral
Terra Cozida do Pantanal	MS	✓ micro e pequenas empresas de turismo; ✓ artesãos.	✓ aumentar a ocupação de hotéis e atrativos; ✓ aumentar vendas de artesanato; ✓ consolidar o destino.
Costa dos Corais	AL	✓ micro e pequenas empresas formais e informais.	✓ consolidar o destino; ✓ tornar o destino sustentável.
Serra Gaúcha	RS	✓ micro e pequenas empresas de turismo; ✓ produção agregada: artesãos e insumos.	✓ aumentar competitividade das MPE turísticas; ✓ qualificar as MPE; ✓ promover o destino; ✓ ampliar mercados do destino.
Grande Florianópolis	SC	✓ empresas de turismo, de transporte e de eventos	✓ promover desenvolvimento do turismo e do lazer na região; ✓ otimizar baixa estação; ✓ incrementar fluxo turístico; ✓ melhorar estrutura do turismo.

Fonte: adaptado de Costa, Sawyer e Nascimento (2009).

Fica, portanto, demonstrada uma mudança da perspectiva e da escala de ação sobre as MPE e seus territórios, passando a abordar a organização produtiva aglomerada, e não mais a empresa isolada, para que se possam alcançar ganhos de competitividade para as firmas e para os destinos, além de promover o desenvolvimento local. Contudo, uma preocupação a ser considerada é se estes APL estão incorporando, ao lado das premissas do desenvolvimento, a noção de sustentabilidade na busca pelos objetivos declarados, assunto explorado por Costa, Sawyer e Nascimento (2009). Afinal, é sabido que eles podem agravar a lacuna entre crescimento econômico e os avanços socioambientais se não forem planejados e postos em prática dentro de padrões de sustentabilidade (Puppim de Oliveira, 2009).

Turismo em áreas protegidas e seus entornos: conectando conservação da biodiversidade e inclusão social

Fernando de Noronha (PE), Pantanal (MT), Foz do Iguaçu (PR), Chapada dos Veadeiros (GO), Lençóis Maranhenses (MA), Jericoacoara (CE), Itatiaia (RJ/MG), Abrolhos (BA) – todos estes locais remetem, no imaginário dos investigadores do turismo e dos turistas, a belezas cênicas conhecidas e a atrativos procurados por turistas domésticos e internacionais. O que muitos esquecem, ou não sabem, é que todos estes locais são parques nacionais, ou seja, áreas protegidas. E isso faz emergir uma série de desafios, entre os quais a conciliação de demandas por conservação com uso público, a adoção de práticas de mínimo impacto na utilização dos bens naturais e a necessidade de promover alternativas para as populações locais.

Criar áreas naturais protegidas é uma das principais estratégias públicas e de política ambiental para a conservação da natureza. São encontradas raízes medievais na criação de parques e na delimitação de áreas naturais para atender aos anseios de lazer da aristocracia e, mais tarde, à época da Revolução Industrial, para servir de espaço de recreação para os operários (Milano, 2001). Tradicionalmente, a criação de áreas naturais protegidas se dava por questões cênicas ou de lazer, não com finalidade de conservação da biodiversidade, tendência que passou a existir em meados da década de 1970 (Benjamim, 2001). De acordo com a legislação brasileira, as unidades de conservação (UC), são definidas como espaços territoriais e seus recursos ambientais, incluindo águas jurisdicionais, com características naturais relevantes, legalmente instituídos pelo Poder Público, com objetivos de conservação e limites definidos, sob regime especial de administração, ao qual se aplicam garantias adequadas de proteção [art. 2º, inciso I, da Lei nº 9.985, de 18 de julho de 2000].

No ano 2000, foi instituído o Sistema Nacional de Unidades de Conservação da Natureza (Snuc), que categoriza as UC de acordo com seus objetivos, características de manejo e uso, e regimes de propriedade. As categorias de UC são organizadas em dois grupos: proteção integral e uso sustentável (Benjamim, 2001), cada qual com seus objetivos e regras de uso (quadro 10).

Quadro 10 – Categorias, objetivos das UC e possibilidade de visitação

Unidades de proteção integral		
Categoria	Objetivo	Visitação pública
Reserva ecológica	Preservar a natureza e realizar pesquisas científicas.	⊘ ◇
Reserva biológica	Preservar integralmente a biota e demais atributos naturais existentes em seus limites, sem interferência humana direta ou modificações ambientais, excetuando-se as medidas de recuperação de seus ecossistemas alterados e as ações de manejo necessárias para recuperar e preservar o equilíbrio natural, a diversidade biológica e os processos ecológicos naturais.	⊘ ◇
Parque nacional	Preservar ecossistemas naturais de grande relevância ecológica e beleza cênica, possibilitando a realização de pesquisas científicas e o desenvolvimento de atividades de educação e interpretação ambiental, de recreação em contato com a natureza e de turismo ecológico.	○ △
Monumento natural	Preservar sítios naturais raros, singulares ou de grande beleza cênica.	○ △

| Refúgio de vida silvestre | Proteger ambientes naturais onde se asseguram condições para a existência ou reprodução de espécies ou comunidades da flora local e da fauna residente ou migratória. | ○ △ |

Unidades de uso sustentável

Categoria	Objetivo	Visitação pública
Área de proteção ambiental	Proteger a diversidade biológica, disciplinar o processo de ocupação e assegurar a sustentabilidade do uso dos recursos naturais.	○ □
Área de relevante interesse ecológico	Manter os ecossistemas naturais de importância regional ou local e regular o uso admissível dessas áreas, de modo a compatibilizá-lo com os objetivos de conservação da natureza.	Lei não esclarece
Floresta nacional	Usar de modo sustentável os recursos florestais e a pesquisa científica, com ênfase em métodos para exploração sustentável de florestas nativas.	○ ▽
Reserva extrativista	Proteger os meios de vida e a cultura das populações (extrativistas tradicionais), e assegurar o uso sustentável dos recursos naturais da unidade.	○ ◈
Reserva de fauna	Área natural com populações animais de espécies nativas, terrestres ou aquáticas, residentes ou migratórias, adequadas para estudos técnico-científicos sobre o manejo econômico sustentável de recursos faunísticos.	○ ▽
Reserva de desenvolvimento sustentável	Área natural que abriga populações tradicionais, cuja existência baseia-se em sistemas sustentáveis de exploração dos recursos naturais, desenvolvidos ao longo de gerações e adaptados às condições ecológicas locais e que desempenham um papel fundamental na proteção da natureza e na manutenção da diversidade biológica.	○ ◈
Reserva particular do patrimônio natural	Conservar a diversidade biológica de uma área privada, gravada com perpetuidade.	Conforme regulamento

Fonte: Brasil (2000).

Legenda

Proibida	⊘
Permitida	○
Exceto com objetivo educacional, desde que sujeita às normas do plano de manejo ou regulamento específico.	◇
Desde que sujeita às normas do plano de manejo, regulamento e do órgão gestor da unidade.	△
Desde que compatível com as normas para o manejo da unidade e com as normas do órgão gestor da unidade.	▽
Desde que compatível com os interesses locais e o plano de manejo da área.	◈
Se área de domínio público, desde que sujeita às normas do órgão gestor da unidade; se área de propriedade privada, cabe ao proprietário estabelecer as condições, desde que observadas as exigências e restrições legais.	□

A reflexão sobre as UC indica uma tensão constante entre "a natureza utilizada para atender às demandas humanas e também protegida contra a ação antrópica" (Irving et al., 2008:1), revelando um embate entre distintas interpretações sobre a função dessas áreas: é preciso protegê-las dos homens ou para os homens?

Todavia, colocar o ser humano no centro da preocupação com a conservação ambiental não é uma abordagem consensual. Há uma corrente que acredita que a presença humana pode deflagrar uma perda irrecuperável de biodiversidade. Inversamente, há outra corrente que vê as pessoas como focos centrais em todo o processo de delimitação, gestão e usufruto dessas áreas.

No Brasil, assim como em outros países em desenvolvimento, existe o crescimento dessa segunda concepção,[49] que

---

[49] Essa perspectiva vem ganhando força no Brasil com a realização de eventos como o Sapis (Seminário sobre Áreas Protegidas e Inclusão Social) e com a rede Tapis (Turismo em Áreas Protegidas e Inclusão Social), que congregam pesquisadores e profissionais que a ela aderem.

defende a conciliação dessas áreas protegidas com as necessidades de desenvolvimento, inclusão social e inserção socioeconômica dos moradores (Tasso, 2010), por meio do usufruto dos serviços ambientais, do acesso a serviços públicos e da oferta de alternativas de trabalho, emprego e renda.

O fato é que diversas questões conflituosas são recorrentes na dinâmica de utilização das áreas protegidas brasileiras. Diversas áreas protegidas sofrem pressões externas, especialmente quando foram criadas a despeito da vontade das populações locais, de forma autoritária e pouco negociada com outros interessados (Medeiros, 2006). Essas características são ainda agravadas quando as áreas possuem regras de uso mais restritivas. Entre os principais desafios para a gestão dessas áreas estão: ocupações irregulares, pressões humanas excessivas sobre os recursos, poluição, tensões de uso, necessidade de promover participação das comunidades nas decisões (Mattos e Irving, 2003; Lima/Coppe/UFRJ e MTur, 2006; Tasso, 2010) – todos intensificados em contextos de pobreza e de destinos emergentes.

Quando se trata dos parques nacionais, áreas de especial interesse e passíveis de utilização turística, certas vulnerabilidades como "a dificuldade de contratação e manutenção de funcionários, o monitoramento precário das atividades ilegais, a fraca aplicação das leis" são evidentes no Brasil (Rodrigues, 2009:60).

Ademais, entre outros dilemas, existe a problemática da proibição da permanência de comunidades tradicionais em seu interior, ao mesmo tempo que se intensifica a exploração do local por indivíduos externos, como os turistas (Arruda, 1999; Mateucci, 2003). Outra situação de extrema gravidade no país é o fato de que, constantemente, as áreas desapropriadas para parques ou similares não são completamente desocupadas, ou seja, restam moradores não indenizados vivendo em seu interior, que se tornam "hóspedes de si mesmos" (Mateucci, 2003). É comum encontrar casos em que populações tinham o costume de caçar, pescar e morar em áreas que tiveram o acesso restringido em virtude de terem sido criadas unidades de conservação de proteção integral. Portanto, tratar dessas áreas pressupõe que se abordem também os conflitos de uso e a importância de acomodar diferentes necessidades e usos das comunidades que delas dependem.

Um exemplo pode ser visto no Parque Nacional da Serra da Capivara (PI), com ocorrência de tensões entre as prioridades de conservação e a ocupação tradicional. Neste caso, existe um desgaste da população em relação ao parque porque muitos entendem que foram expulsos de um espaço tradicionalmente utilizado por eles. A fim de minimizar esse impasse, projetos de caráter socioambiental promovem tentativas de inclusão da população tanto na gestão da unidade quanto na viabilização de uma alternativa econômica (boxe 21).

Boxe 21 – Caso Parque Nacional da Serra da Capivara: interfaces entre ambiente e sociedade

Localizado no sudeste do estado do Piauí, o parque foi instituído pelo Decreto Presidencial nº 83.548/1979, o qual oficializou a área arqueológica mais importante do Brasil, com superfície de 129.140 ha e extenso perímetro de 214 km. Situado no domínio morfoclimático das caatingas, em 1991, foi considerado patrimônio cultural da humanidade pela Unesco. Ele apresenta elementos histórico-culturais e mais de 400 sítios arqueológicos, além de um conjunto de belezas naturais que compõem uma área propícia à prática do turismo com base na natureza e na cultura local. No seu entorno, o contingente populacional de São Raimundo Nonato e Coronel José Dias é de 35.208 habitantes. O índice de desenvolvimento humano (IDH) dos municípios é inferior às médias do Brasil e, mais especificamente, do Nordeste (Pnud, revelando uma comunidade com pouco acesso a renda, educação e saúde. As taxas de pobreza são de 54,9% para o primeiro município e 74,7% para o segundo. Os principais entraves enfrentados pela administração do Parna – parceria entre ICMBio e Fundação Museu do Homem Americano (Fumdham) – concernem às práticas agrícolas e extrativistas nas proximidades da UC, à caça de animais silvestres para o comércio clandestino e ao desmatamento.

> A Fumdham, criada em 1986, tem ações voltadas para a geração de renda por meio de trabalhos relacionados à cerâmica, apicultura, produção de mel e caprinocultura. Sua atuação reduziu significativamente os desgastes ambientais causados pelas ações antrópicas e ampliou o acesso da comunidade ao parque, bem como a geração de oportunidades a partir dele, seja pelo turismo ou pela venda de produtos. No tocante à escolarização, a Fumdham realiza diversos trabalhos de educação ambiental e melhorias do ensino público na região.
>
> As estatísticas oficiais sobre a visitação, confome a Fumdham, dão conta de que o parque recebe, anualmente, cerca de 15 mil pessoas por ano. Deste contingente, cerca de 5 mil são turistas estrangeiros, principalmente europeus, que permanecem, em média, de quatro a sete dias na região. Com relação ao público nacional, destacam-se as visitas estudantis, tanto de escolas de todo o Piauí, quanto também de acadêmicos de arqueologia de diversas partes do Brasil. Há guias treinados pela fundação que, obrigatoriamente, acompanham os visitantes. Neste contexto, a atividade turística se apresenta como aliada na melhoria da qualidade de vida dos moradores locais e com potencial de crescimento, com a esperada inauguração do aeroporto de São Raimundo Nonato.

Fonte: adaptado de CDS/UnB (2008).

Em busca de alternativas, o turismo é frequentemente entendido como uma atividade que pode oferecer uma saída para o impasse entre as necessidades de conservação da biodiversidade e de inclusão social nas áreas protegidas que permitem este uso.

O turismo tem sido promovido como uma atividade capaz de conciliar a conservação da biodiversidade, a sensibilização da sociedade com relação às questões ambientais e o desenvolvimento de alternativas econômicas que beneficiem a manutenção destas áreas e as comunidades locais. Desta forma, a prestação de serviços associados à visitação ultrapassa os limites das unidades de conservação para exercer um efeito multiplicador na economia local, produto da interdependência existente entre os diversos setores que compõem a cadeia produtiva do turismo [Rodrigues, 2009:19].

Resumidamente, o turismo em áreas protegidas pode gerar diversos benefícios, (Tapper e Cochrane, 2005), entre os quais:
- recursos financeiros adicionais para a conservação por meio de taxas, ingressos, doações, produtos vendidos aos visitantes;
- aumento da consciência ambiental e da sensibilização entre os visitantes;
- oferta de alternativas de renda para os moradores de seus arredores;
- redução da exploração predatória de recursos naturais da área e aumento da preocupação com a conservação entre as comunidades próximas;
- relacionamentos próximos entre o setor de turismo e os gestores das áreas protegidas, que podem levar a um melhor entendimento entre as diferentes prioridades de ambos.

Alguns exemplos de conciliação entre conservação ambiental e benefícios socioeconômicos por meio do turismo são vistos na Indonésia – onde 80% das taxas pagas por turistas no parque marinho Bunaken servem para subsidiar os custos de educação, gestão de resíduos, fiscalização do parque e o desenvolvimento da vila[50] – e na África do Sul, onde há casos de o turismo se tornar uma alternativa à caça de grandes animais antes praticada, para a geração de renda, subsistência das comunidades e valorização da cultura.[51]

Outros exemplos de complementaridade entre conservação e turismo, que vão além de áreas protegidas e que apresentam

---

[50] Bunaken National Marine Park Co-Management Initiative (Tapper e Cochrane, 2005).
[51] Ver <www.krugerpark.co.za/Krugerpark_History-travel/kruger-national-park-modern-history.html>. Acesso em: 4 jan. 2012.

características bastante diferentes entre si, são encontrados no Gana (boxe 22) e na Austrália (boxe 23).

Boxe 22 – Iniciativa de base comunitária, novos produtos turísticos baseados em princípios de sustentabilidade de Gana

> Gana, na África ocidental, recebe um número crescente de visitantes, apesar de apresentar uma situação política instável. Suas atrações incluem inúmeras fortalezas bem-conservadas ao longo da costa, parques nacionais, praias e a bem-documentada cultura Ashant. Entre os aspectos fundamentais para o sucesso turístico de Gana estão os padrões de segurança e higiene, ao lado do acesso aéreo eficiente. Em 2002, o Projeto Ecoturismo de Base Comunitária, foi instituído com financiamento da Usaid e obteve a participação do Ghana Tourist Board (GTB), além de parcerias diversas e de equipes locais de gestão do turismo, que representam a comunidade e o controle da utilização de recursos. O principal resultado do projeto foi a criação de 14 empresas de base comunitária em todo o país, que resultaram em benefícios, entre os quais: participação e controle da comunidade; redução da pobreza; conservação do patrimônio natural e cultural; desenvolvimento regional e rural e diversificação de produtos. O projeto tem feito bom uso de uma série de ferramentas para o desenvolvimento do produto e da sustentabilidade subjacente, entre elas a coleta regular de dados sobre o número de visitantes, renda, despesa e empregados; a consulta comunitária realizada através de estruturas de governança formais e tradicionais, assembleias distritais eleitas e autoridades tradicionais; o projeto de avaliação de propostas com base em critérios de viabilidade e sustentabilidade, que leva em conta critérios básicos de acessibilidade, apelo geral ao visitante, capacidade de gerar benefícios locais, posse da terra e ligações com outras atrações. A partir do momento em que esses critérios iniciais são atendidos, faz-se uma consulta formal à comunidade. Caso a proposta do negócio seja aceita, prossegue-se para as questões de sustentabilidade: processo de distribuição de benefícios, envolvimento de mulheres e jovens, questões ambientais e capacidade de carga social, contribuição para redução da pobreza e conservação da biodiversidade. Isso tudo se reflete nas formas de financiamento. Por fim, existem regras para controlar o uso, já que a maioria dos projetos está relacionada com sítios do patrimônio natural ou cultural. Apesar de o mau uso do local ser muitas vezes evitado por meio de leis tribais, considerou-se necessário estabelecer algumas regras oficiais para garantir um maior apoio para isso. As regras controlam possíveis atividades prejudiciais por parte de comunidades e visitantes, tais como caça, a extração excessiva, tráfego de veículos etc. A concordância das comunidades com essas regras evidencia seu apoio aos princípios da sustentabilidade do turismo.

Fonte: adaptado de Unep e UNWTO (2006).

Boxe 23 – Turismo, renda para a comunidade e preservação ambiental na Austrália

> A ilha australiana chamada Lord Howe foi adicionada à lista de patrimônio mundial (*world heritage list*) no ano de 1982, mesmo ano que as ilhas Galápagos. Lord Howe possui uma exuberante biodiversidade, onde o visitante pode nadar com tartarugas e arraias gigantes nos recifes de coral mais ao sul do planeta, além de observar, e até mesmo interagir, com a grande quantidade de aves. Entre as atividades mais populares estão as caminhadas pela floresta ou pelas praias e as escaladas. A população da ilha, que é de aproximadamente 400 habitantes, vive lá há muitas gerações e é bastante restrita. Para morar em Lord Howe, é necessário ser parte de uma das famílias ou se casar com alguém que o seja. O senso de comunidade e o pequeno número de habitantes facilitam a tomada de decisões voltadas para a sustentabilidade em suas dimensões ambiental, econômica e social.
>
> A ilha permanece fora do radar das grandes empresas. Lá o turista encontrará somente negócios administrados por moradores, a maioria passada de geração para geração. Isso faz com que a renda permaneça na localidade, aumentando o efeito multiplicador econômico do turismo. Preservação e cuidados com o ambiente são muito importantes para a população local e são conceitos transmitidos ao turista – a questão dos resíduos e da reciclagem é claramente visível: que outro lugar oferece um *tour* por seus depósitos de lixo? Os visitantes recebem uma espécie de mochila para depositar o que querem descartar, para evitar o uso de sacolas plásticas. Além disso, a capacidade de carga é rigidamente seguida, diminuindo os impactos ambientais e sociais negativos gerados pelo turismo.

Fonte: adaptado de Lorimer (2006).

Algumas características emergem da análise desses exemplos de conciliação entre turismo, preservação de recursos naturais e inclusão social, entre elas:

- o turismo aparece como a principal atividade econômica possível dentro de algumas áreas protegidas, em substituição a uma atividade econômica mais danosa e/ou como complemento a outras atividades tradicionais;
- realização de planejamento das atividades permitidas e proibidas em cada área, o que pressupõe o zoneamento, bem como a previsão da capacidade de suporte (em função da intensidade e características de uso, do comportamento dos visitantes e da fragilidade da zona);

- existência de planos de gestão dos impactos e dos riscos, com a participação comunitária e de especialistas de diversas áreas do conhecimento;
- existência de regras claras de uso e punição dos desvios, o que pressupõe fiscalização intensiva;
- adoção de estratégias apropriadas de desenvolvimento de produtos turísticos, promoção e comercialização do destino, tendo em vista alcançar o público-alvo;
- estabelecimento de parcerias entre entidades do terceiro setor, do governo e do mercado, remetendo à questão da governança.

No caso do turismo em áreas protegidas, vale a pena dar uma atenção especial aos parques nacionais, em razão de suas funções de conservação, unicidade e possibilidade de usufruto pelo turismo. Internacionalmente, são conhecidos por sua popularidade e infraestrutura parques como Yellowstone (Estados Unidos), Blue Mountains e Royal National Park (Austrália), Kruger Park (África do Sul), entre outros. Nesses locais, o turismo ofereceu oportunidades de desenvolvimento com inclusão das comunidades do entorno, que se beneficiam diretamente da geração de empregos (Panza e Sansolo, 2006). Permeado por essa expectativa, outras áreas protegidas continuam a ser criadas (boxe 24).

Boxe 24 – Cinco países africanos criam maior área protegida do mundo

Luanda – "Cinco países da África Austral assinaram esta quinta-feira (18/8) em Luanda um tratado criando uma ampla zona protegida, de tamanho correspondente à metade da França, nas bacias dos rios Zambeze e Okavango, que tem por vocação se transformar em um paraíso do ecoturismo. A área protegida de Okavango-Zambeze, situada entre os territórios de Angola, Botsuana, Namíbia, Zâmbia e Zimbábue, deve permitir religar catorze parques nacionais e reservas naturais entre estes países, e, so-

> bretudo, as cataratas Victoria e o delta do Okavango. 'É a maior zona protegida com vocação turística do mundo', afirmaram seus promotores, durante a assinatura do tratado, à margem de uma cúpula da Comunidade de Desenvolvimento da África Austral (SADC), em Luanda. O projeto tem por objetivo a conservação da biodiversidade, o desenvolvimento sustentável das comunidades locais, o estímulo ao ecoturismo e o compartilhamento dos recursos da região. A região é rica em espécies raras, especialmente leopardos, cães selvagens africanos, rinocerontes e antílopes negros. Também é habitada por cerca de 250.000 elefantes".

Fonte: France Presse. Notícia publicada em18 ago. 2011. Disponível em: <www.correiobraziliense.com.br/app/noticia/mundo/2011/08/18/interna_mundo,266096/cinco-paises-africanos-criam-maior-area-protegida-do-mundo.shtml>. Acesso em: 5 jan. 2012.

Ainda que existam alguns bons exemplos reais, muitas são as perguntas que cercam o turismo em áreas protegidas, especialmente quando se inclui a problemática da inclusão social. Entre os aspectos a serem equacionados, estão: a capacidade de suporte do ambiente físico-natural, os desafios da gestão participativa, a viabilidade econômica dos empreendimentos, a necessidade de investimentos em infraestrutura para permitir o uso planejado, os custos de fiscalização, a inclusão das populações locais e a experiência do visitante a um preço compatível com a oferta. Tais questões evidenciam, também, os inúmeros grupos de interesse envolvidos: órgãos de proteção ao meio ambiente, ONGs, moradores, turistas, empreendedores, governos em diversas escalas e com distintas agendas. Esse quadro, como é possível antever, é inerentemente complexo.

Áreas protegidas com intenso uso turístico enfrentam uma encruzilhada entre assegurar ganhos econômicos do turismo e gerenciar os impactos da atividade para que não dificulte as metas de conservação (Tapper e Cochrane, 2005). Afinal, a partir do uso turístico, emergem também as dificuldades em construir e implementar regras de exploração não predatória, a fim de regular a ação de entes privados situados em espaços públicos, democratizar o acesso sem recair em sobrecarga do sistema natural e gerar ganhos para o parque, seus visitantes e moradores do entorno (Pasquali, 2006; Rodrigues, 2009).

No Brasil, o mais grave não é a degradação dos parques e outras UC em virtude do excesso de uso turístico, com poucas exceções. É mais recorrente a falta de retorno financeiro, já que o pagamento de ingressos é depositado em um fundo comum da União e não retorna aos próprios parques que geraram a receita, o que fragiliza a gestão e mina a possibilidade de incremento das ações de conservação.

A relação entre as esferas pública e privada é uma das principais problemáticas que cercam a realização de atividades turísticas nos parques nacionais. Nestes casos, o Estado repassa a terceiros o direito de prestar os serviços em uma área pública, deixando nebuloso o limite entre público e privado. Essa relação apresenta grande complexidade, porque nela estão presentes os gestores dos parques nacionais, os prestadores de serviços e os visitantes, cada qual com suas motivações, responsabilidades e interesses em relação aos parques, como mostra Rodrigues (2009) em seu interessante estudo triangulado acerca dos parques nacionais de Abrolhos e Itatiaia.

Não obstante, em locais que iniciaram projetos de turismo visando aliar conservação e inclusão, "são vários os exemplos que contradizem a ideia de que o turismo seria a salvação de comunidades com atrativos naturais" (Pessoa e Rabinovici, 2010:121). Portanto, ainda que existam inúmeros projetos bem-intencionados no campo da geração de renda e inclusão social de comunidades próximas a áreas protegidas, existem ao menos dois problemas críticos.

O primeiro deles é o tempo, a velocidade de maturação dos atores sociais envolvidos nos projetos de desenvolvimento ou a "tempística" (Caporali e Volker, 2004), pois nem sempre o tempo de duração do financiamento de um projeto é adequado às mudanças pretendidas. Ainda, o tempo de quem estuda soluções, propõe e implementa os projetos é muito diferente do tempo daqueles que esperam e necessitam de soluções imediatas para garantir sua sobrevivência. O segundo problema consiste na diferença entre as racionalidades daqueles que implementam um projeto com a intenção de maximizar o ganho das comunidades e as das próprias comunidades, quando essas não se interessam pela lógica de acumulação--maximização, gerando frustrações e descrédito na iniciativa.

Por fim, é certo que, isoladamente, o turismo não pode responder por todas as demandas de desenvolvimento em arredores de áreas protegidas. Investimentos em políticas públicas de alcance mais global (saúde, educação, transporte etc.) seriam necessários para que os benefícios do turismo pudessem alcançar, efetivamente, as populações que vivem nas localidades que abrigam as áreas protegidas. Todavia, se gerenciado em sintonia com os preceitos da sustentabilidade, o turismo pode representar um importante vetor para a consecução dos objetivos de conservação e de inserção socioeconômica das populações locais.

A travessia e as direções futuras

O livro teve o objetivo de integrar assuntos que permeiam a noção de sustentabilidade de destinos turísticos. Isso faz dele um livro rizoma, mais do que um livro raiz, na concepção de Costa e Sprandel (2006). Os temas abordados tiveram a intenção de apresentar a amplitude e a pluralidade da atividade turística, problematizando a condução dos destinos do turismo no caminho da sustentabilidade, um processo em construção permanente, nunca acabado e aberto a melhorias constantes.

Na parte 1, o leitor foi convidado a fazer um sobrevoo por conceitos gerais que habitam a interface entre turismo e sustentabilidade, a fim de compor um substrato conceitual para desenvolver a reflexão proposta. Os elementos centrais foram a visão sistêmica, os fundamentos da sustentabilidade e a noção de movimento intrínseca à dinâmica dos destinos e dos processos de desenvolvimento. A importância da abordagem sistêmica do turismo foi ressaltada, com a consideração de seus elementos, relações e ambientes, a fim de que se interpretem a atividade turística e seus impactos de forma mais complexa. Ainda, os objetos de interesse aqui abordados nos impõem conviver com a natureza mutante, e não estática, das realidades socioambientais, levar em conta as diferentes etapas de vida dos destinos – que clamam por soluções peculiares.

Na parte 2, o leitor foi conduzido a um mergulho em assuntos mais específicos que fazem interlocução com a sustentabilidade de destinos turísticos. Problematizaram-se as relações entre os atores sociais dos destinos turísticos – que podem favorecer ou inibir o desenvolvimento dentro de padrões mais sustentáveis –, seus dilemas e os impasses entre maximização de ganhos e contenção de perdas, as encruzilhadas entre usufruto e preservação dos recursos, entre decisões de curto e longo prazos. Foram também explorados aspectos ligados com a mensuração da sustentabilidade por meio de indicadores, a riqueza de possibilidades de usos e as dificuldades para a seleção daqueles mais apropriados para cada destino turístico, levando em consideração suas características. Em seguida, discutiram-se a preocupação com a responsabilidade socioambiental de empresas de turismo e a profusão de iniciativas voluntárias, certificações e selos. As pequenas empresas de turismo foram inseridas na discussão quando relatadas suas principais características, a composição do setor e suas potenciais influências para a sustentabilidade do destino. Então, aflorou a cooperação entre elas como alternativa para fortalecer a competitividade em seus níveis micro (da empresa) e macro (do destino), ao lado da sustentabilidade do desenvolvimento, o que dá mais consistência à abordagem prévia elaborada na parte 1. Após as considerações de cunho socioeconômico, foram abordadas as preocupações no sentido de o turismo atuar não apenas nessas dimensões, mas também na conservação da biodiversidade.

Para tanto, discutiu-se o turismo como alternativa para a inclusão social e a conservação em áreas protegidas e seus entornos.

Ainda que seja uma obra introdutória, evitou-se transmitir uma visão ingênua. Afinal, a sustentabilidade é difícil de reconhecer, de construir e de assegurar. Não nos enganemos com a simples abstração dos pratos equilibrados em uma balança, com seu fiel estático. Não há garantias de que todas as esferas serão incrementadas ao mesmo passo e na mesma escala, mantendo o equilíbrio almejado, nem de que poderemos compreender as necessidades das gerações que virão. Esses são entendimentos cruciais para que escapemos da ilusão gerada pela facilidade de compreensão conceitual da sustentabilidade.

O dilema da sustentabilidade, pode-se sugerir, é estar relacionada a uma ciência que ainda não existe, pois nem a economia (ciência de escassez), nem a ecologia (ciência dos ecossistemas) sozinhas são capazes de dar conta do seu entendimento e da sua mensuração. Mas enquanto o conhecimento científico é insuficiente (e, possivelmente, nunca deixe de ser), resta adotar o princípio da precaução, economizando recursos naturais, reduzindo os processos de degradação ambiental, de ameaça à biodiversidade, de produção de poluição, de estímulo ao aquecimento global e de marginalização social, entre outros fenômenos que começamos a compreender (Veiga, 2010a).

Este livro foi, do início ao fim, perpassado pela noção de sustentabilidade como processo. Por conseguinte, pela ideia de que turismo sustentável não se resume a um nicho alternativo do setor, que tem apelo apenas para o público sensível a impactos socioambientais e econômicos do turismo. A sustentabilidade do turismo está ligada à implementação de parâmetros que permitam tornar qualquer turismo mais responsável pela recriação de padrões sustentáveis de desenvolvimento nos destinos turísticos. Em vez de um tipo de turismo, ou um rótulo, é um processo ligado ao setor como um todo, e que pressupõe uma perspectiva sistêmica, ou seja, da origem ao destino, passando pela rota e meios de transporte, e em suas diversas dimensões (social, econômica e ambiental).

Nas entrelinhas existem um alento e um alerta sobre a atividade turística e seus destinos. O primeiro diz respeito a avanços no planejamento e na gestão, bem como na clareza sobre elementos cruciais para a construção de um percurso mais sustentável. O alerta encontra semelhança com a frase de Cecchini (2010:288):

> uma indústria pesada, no caso, o turismo, não é pior do que outras indústrias, mas não melhor. E, acima de tudo, não o primeiro nem o único responsável pela pilhagem de um território [tradução livre].

Ou seja, não é possível isolar o turismo como vetor unicamente responsável pela sustentabilidade de uma região, que deve ser vista em um contexto mais amplo, o da sobreposição entre as múltiplas atividades econômicas que lá ocorrem e das interações entre os usuários deste mesmo lugar (moradores, passantes, turistas, trabalhadores, migrantes etc.). Não é prudente elevar o turismo ao papel de salvador nem de saqueador dos territórios quando o assunto é o desenvolvimento dentro de um padrão sustentável. Evitemos, portanto, este equívoco nos nossos projetos locais, regionais e nacionais de desenvolvimento turístico rumo à sustentabilidade.

Se é possível um turismo sustentável? Essa deve ser a questão que muitos leitores carregaram até o fim. E, para estes, deixo a frase de Swarbrooke (2000): "O turismo sustentável talvez seja um sonho impossível, então o melhor que podemos esperar é tornar todas as formas de turismo mais sustentáveis".

Que esta travessia tenha sido apenas o início.

Referências

AMATO NETO, J. *Redes de cooperação produtiva e clusters regionais*: oportunidades para as pequenas e médias empresas. São Paulo: Atlas, 2000.

ANDRIOTIS, K. Scale of hospitality firms and local economic development: evidence from Crete. *Tourism Management*, v. 23, n. 4, p. 333-341, 2002.

ARAUJO, L. M.; BRAMWELL, B. Partnership and regional tourism in Brazil. *Annals of Tourism Research*, v. 29, n. 4, p. 1138-1164, 2002.

ARRUDA, R. "Populações tradicionais" e a proteção dos recursos naturais em unidades de conservação. *Ambiente & Sociedade*, v. 5, n. II, 1999.

ASHLEY, P. A.; COUTINHO, R. B. G.; TOMEI, P. A. *Responsabilidade social corporativa e cidadania empresarial*: uma análise conceitual comparativa. Rio de Janeiro: Enanpad, 2000.

AXELROD, R. *The evolution of cooperation*. New York: Penguin Books, 1990.

AZEVEDO, A. L. Indicadores de sustentabilidade empresarial no Brasil: uma avaliação do relatório do CEBDS. *Revista Iberoamericana de Economía Ecológica*, v. 5, p. 75-93, 2006.

BA, D.; MANN, S.. *Tourism*: an opportunity to unleash shared growth in Africa. World Bank, Note n. 16, 2006. Disponível em: <www.worldbank.org/afr/aftps>. Acesso em: mar. 2009.

BAGGIO, R. Symptoms of complexity in a tourism system. *Tourism Analysis*, v. 13, n. 1, p. 1-20, 2008.

BARBARÁ, S.; LEITÃO, M. C.; FONTE FILHO, J. R. A governança regional em turismo: realidade? Estudo de caso sobre a estrada Real. *Cadernos Ebape*, v. 5, n. 4, p. 2-16, 2007.

BARNEY, J. Firm resources and sustained competitive advantage. *Journal of Management*, v. 17, n. 1, p. 99-120, 1991.

BENJAMIM, A. H. Introdução à lei do Sistema Nacional de Unidades de Conservação. In: _____. (Org.). *Direito ambiental das áreas protegidas*: o regime jurídico das unidades de conservação. Rio de Janeiro: Forense Universitária, 2001.

BERITELLI, P. Cooperation among prominent actors in a tourist destination. *Annals of Tourism Research*, In Press, Corrected Proof, v. 38, n. 2, p. 607-629, 2011.

BOSSEL, H. *Indicators for sustainable development*: theory, method, applications. A report to the Balaton Group. Winnipeg: IISD, 1999.

BRASIL. Lei nº 9.985, de 18 de julho de 2000. Institui o Sistema Nacional de Unidades de Conservação da Natureza e dá outras providências. *Diário Oficial da União*, Brasília, DF, 19 jul. 2000. Disponível em: <www.planalto.gov.br/ccivil_03/Leis/L9985.htm>. Acesso em: 4 jan. 2012.

_____. *Dinâmica e diversidade do turismo de base comunitária*: desafios para formulação de política pública. Brasília, DF: Ministério do Turismo, 2010.

BURNS, P. M. *Turismo e antropologia*: uma introdução. São Paulo: Chronos, 2002.

BURSZTYN, M. Armadilhas do progresso: contradições entre economia e ecologia. *Revista Sociedade e Estado*, v. X, n. 1, p. 97-124, 1995.

BURSZTYN, M. A.; BURSZTYN, M. Desenvolvimento sustentável: a biografia de um conceito. In: NASCIMENTO, E. P. do.; VIANNA, J. N. de S. (Orgs.). *Economia, meio ambiente e comunicação*. Rio de Janeiro: Garamond, 2006.

BUTLER, R. The concept of a tourist area life cicle of evolution: implications for the management of resources. *Canadian Geographer*, v. 24, n. 1, p. 5-12, 1980.

CAFFYN, A.; JOBBINS, G. Governance capacity and stakeholder interactions in the development and management of coastal tourism: examples of Morocco and Tunisia. *Journal of Sustainable Tourism*, v. 11, n. 2-3, 2003.

CAPORALI, R.; VOLKER, P. *Metodologia de desenvolvimento de arranjos produtivos locais*: projeto Promos – Sebrae. Brasília, DF: Sebrae, 2004.

CAPRA, F. *As conexões ocultas*: ciência para uma vida sustentável. São Paulo: Cultrix, 2002.

CARÚS-RIBALAYGUA, L. Destino turístico recreativo de Alta Montaña: modelos actuales de análisis y dirección estratégica. *Estudios y Perspectivas en Turismo*, v. 12, n. 3, p. 255-267, 2003.

CARVALHO, A.; ALBERTON, A. Um estudo em estabelecimentos de hospedagem na estrada Real (MG): as variáveis social e ambiental. *Revista Hospitalidade*, v. 5, n. 1, p. 31-57, 2007.

CARVALHO, C. R. D. *Uma abordagem geográfica do turismo em Porto Seguro*. Dissertação (Mestrado em Geografia) – Departamento de Geografia (FFLCH), Universidade de São Paulo, São Paulo, 2008.

CAVALCANTI, C. de V. Políticas de governo para o desenvolvimento sustentável. In: _____ (Org.). *Meio ambiente, desenvolvimento sustentável e políticas públicas*. 2. ed. São Paulo: Cortez, 1999. p. 21-40.

CECCHINI, A. B. Which tourisms? Which territories? In: MACIOCCO, G., SERRELI, S. (Eds). *Enhancing the city:* new perspectives for tourism and leisure. New York, Springer 2010. p. 277-305.

CDS/UNB. *Carta de potencialidades e problemas do turismo na costa norte*. Brasília, DF: MTur/Aecid/Iabs, 2008. Projeto Turismo Sustentável.

CLARKE, J. A framework of approaches to sustainable tourism. *Journal of Sustainable Tourism*, v. 5, n. 3, 1997.

_____. Trade associations: an appropriate channel for developing sustainable practice in SMEs? *Journal of Sustainable Tourism*, v. 12, n. 3, 2004.

COMISSIÓN EUROPÉA, UE. *Estructura, funcionamento y competitividad del turismo europeo y de suas empresas*. Luxemburgo: Oficina de Publicaciones Oficiales de las Comunidads Europeas, 2003.

COOPER, C. et al. *Turismo*: princípios e práticas. Porto Alegre: Bookman, 2007.

CORIOLANO, Luzia Neide M. T. O turismo comunitário no Nordeste brasileiro. In: BARTHOLO, R.; SANSOLO, D.; BURSZTYN, I. (Orgs.). *Turismo de base comunitária*: diversidade de olhares e experiências brasileiras. Rio de Janeiro: Letra e Imagem, 2009. p. 277-288.

COSTA, A.; SPRANDEL, M. Entre raiz e rizoma. In: MILOVIC, M.; SPRANDEL, M.; COSTA, A.; NASCIMENTO, W. (Orgs.). *Sociedade e diferença*. Brasilia, DF: Casa das Musas, 2006. Introdução; p. 17-26.

COSTA, H. A. *Mosaico da sustentabilidade em destinos turísticos*: cooperação e conflito de micro e pequenas empresas no roteiro integrado Jericoacoara – delta do Parnaíba – Lençóis Maranhenses. 2009. 296 p. Tese (Doutorado) – Centro de Desenvolvimento Sustentável, Universidade de Brasília, Brasília, DF, 2009.

_____; HOFFMANN, V. E. Competitvidade de destinações turísticas: elementos e indicadores aplicados no estudo da administração turística de Balneário Camboriú-SC. *Turismo em Análise*, v. 17, n. 2, p. 135-154, 2006.

_____; NASCIMENTO, E. Relações de cooperação de micro e pequenas empresas (MPE) do turismo: um estudo em Jericoacoara, delta do Parnaíba e Lençóis Maranhenses (Brasil). *Revista Turismo & Desenvolvimento*, v. 13-14, n. 1, p. 64-75, 2010.

_____; SAWYER, D.; NASCIMENTO, E. Monitoramento de APL de turismo no Brasil: o (não) lugar das dimensões da sustentabilidade. *Revista Brasileira de Pesquisa em Turismo* (RBTur), v. 3, n. 3, p. 57-79, 2009.

_____; SOUTO-MAIOR, A. Sistemas produtivos locais em turismo: relacionamentos estratégicos e aglomeração territorial como vantagens competitivas. *Revista Acadêmica do Observatório de Inovação em Turismo*, FGV/Ebape, n. 1, 2006.

_____; TONI, F. Desafios da governança para destinos e roteiros turísticos. In: ENCONTRO DA ASSOCIAÇÃO NACIONAL DE PESQUISA E PÓS-GRADUAÇÃO EM TURISMO (ANPTUR). *Anais...* São Paulo: Anptur, 2007.

COSTA, M. T. As pequenas e médias empresas no desenvolvimento local: conceitos e experiências. In: GUIMARÃES, N.; MARTIN, S. (Orgs.). *Competitividade e desenvolvimento*: atores e instituições locais. São Paulo: Senac, 2001. p. 109-126.

COTTRELL, S. et al. Measuring the sustainability of tourism in Manuel Antonio and Texel: a tourist perspective. *Journal of Sustainable Tourism*, v. 12, n. 5, 2004.

COUTINHO, R. B. G.; MACEDO-SOARES, T. D. L. V. A. Gestão estratégica com responsabilidade social: arcabouço analítico para auxiliar sua implementação em empresas no Brasil. *Revista de Administração Contemporânea* (RAC), v. 6, n. 3, p. 75-96, 2002.

CROUCH, Geoffrey I.; RITCHIE, J. R. Brent. Tourism, competitiveness and societal prosperity. *Journal of Business Research*, v. 44, n. 3, p. 137-152, 1999.

CRUZ, Rita de Cássia Ariza. Turismo, produção do espaço e desenvolvimento desigual: para pensar a realidade brasileira. In: BARTHOLO, R.; SANSOLO, D.; BURSZTYN, I. (Orgs.). *Turismo de base comunitária*: diversidade de olhares e experiências brasileiras. Rio de Janeiro: Letra e Imagem, 2009. p. 92-107.

CUNHA, S. K.; CUNHA, J. C. Competitividade e sustentabilidade de um cluster de turismo: uma proposta de modelo sistêmico de medida do impacto do turismo no desenvolvimento local. *Revista de Administração Contemporânea* (RAC), v. 9, 2005. 2. ed. especial.

DALY, H. Políticas para o desenvolvimento sustentável. In: CAVALCANTI, C. de V. (Org.). *Meio ambiente, desenvolvimento sustentável e políticas públicas*. 2. ed. São Paulo: Cortez, 1999. p. 179-192.

_____. Crescimento sustentável? Não, obrigado. *Ambiente e Sociedade*, v. 7, n. 2, 2004.

DEWHURST, P.; HOROBIN, H. Small business owners. In: THOMAS, R. (Org.). *The management of small tourism and hospitality firms*. London: Cassell, 1998. p. 19-38.

DIAS, R. *Turismo sustentável e meio ambiente*. São Paulo: Atlas, 2003.

DRUMMOND, J. A.; FRANCO, J. L. A.; NINIS, A. B. *O estado das áreas protegidas no Brasil*. Brasília, ago. 2006. Disponível em: <www.unbcds.pro.br/pub/index.cfm?CODE=01&COD=27&X=219>. Acesso em: 19 jun. 2009.

DYMOND, S. J. Indicators of sustainable tourism in New Zealand: a local government perspective. *Journal of Sustainable Tourism*, v. 5, n. 4, 1997.

DWYER, L.; KIM, C. Destination competitiveness: determinants and indicators. *Current Issues in Tourism*, v. 6, n. 5, p. 369-390, 2003.

ENRIGHT, M. J.; NEWTON, J. Tourism destination competitiveness: a quantitative approach. *Tourism Management*, v. 25, p. 777-788, 2004.

ESSER, K. et al. *Competitividad sistémica*: competitividad internacional de las empresas y políticas requeridas. Berlín: Instituto Alemán de Desarrollo, Estudios e Informes, 1994.

EVANS, N.; CAMPBELL, D.; STONEHOUSE, G. *Strategic management of travel and tourism*. Oxford: Elsevier, 2003.

FARIAS, J. S.; TEIXEIRA, R. M. A pequena e micro empresa e o meio ambiente: a percepção dos empresários com relação aos impactos ambientais. *Organizações e Sociedade*, v. 9, n. 23, 2002.

FARRELL, A.; HART, M. What does sustainability really mean? The search for useful indicators. *Environment*, v. 40, n. 9, 1998.

FONT, X.; HARRIS, C. Rethinking standards from green to sustainable. *Annals of Tourism Research*, v. 31, n. 4, p. 986-1007, 2004.

FONTELES, J. O. *Turismo e impactos socioambientais*. São Paulo: Aleph, 2004.

FREY, K. A dimensão político-democrática nas teorias de desenvolvimento sustentável e suas implicações para a gestão local. *Ambiente & Sociedade*, n. 9, 2001.

FYALL, A.; GARROD, B. From competition to collaboration in the tourism industry. In: THEOBALD, W. F. (Org.). *Global tourism*. Oxford: Butterworth Heinemann, 2005.

GARROD, B.; FYALL, A. Beyond the rhetoric of sustainable tourism? *Tourism Management*. v. 19, n. 3, p. 199-212, 1998.

GEORGESCU-ROEGEN, N. *The entropy law and the economic process*. Cambridge: Harvard University Press, 1971.

GERRANS, P.; HUTCHINSON, B. Sustainable development and small to medium-sized enterprises: a long way to go. In: HILLARY, R. E. (Org.). *Small and medium-sized enterprises and the environment*: business imperatives. Sheffield: Greenleaf, 2000.

GOELDNER, C.; RITCHIE, J. R. B.; MCINTOSH, R. *Turismo*: princípios, práticas e filosofias. Porto Alegre: Bookman, 2002.

GOSS, D. *Small business and society*. London: Routledge, 1991.

GRAY, B. The process of partnership construction: anticipating obstacles and enhancing the likelihood of successful partnerships for sustainable development. In: GLASBERGEN, P.; BIERMANN, F.; MOL, A. (Orgs.). *Partnerships, governance and sustainable development:* reflections on theory and practice. Cheltenham (UK): Edward Elgar, 2007.

GRIFFIN, T.; BOELE, N. Alternative paths to sustainable tourism: problems, prospects and pipe dreams. In: GO, F.; JENKINS, C. (Orgs.). *Tourism and economic development in Asia and Australasia*. London: Cassell, 1997. p. 322-337.

GUIMARÃES, R. P. Desenvolvimento sustentável: da retórica à formulação das políticas públicas. In: BECKER, B. K.; MIRANDA, M. (Orgs.). *A geografia política do desenvolvimento sustentável*. Rio de Janeiro: UFRJ, 1997. p. 13-44.

HALL, C. M. *Planejamento turístico*: políticas, processos e relacionamentos. São Paulo: Contexto, 2001.

HALL, M.; RUSHER, K. Risky lifestyles? Entrepreneurial characteristics of the New Zealand bed and breakfast sector. In: THOMAS, R. (Org.). *Small firms in tourism*: international perpectives. Oxford: Elsevier, 2004. p. 84-96.

HARDI, P.; ZDAN, T. *Assessing sustainable development*: principles in practice. Winnipeg: IISD, 1997.

HARDIN, G. The tragedy of the commons. *Science*, v. 162, n. 3859, p. 1243-1248, 1968.

HARRISSON, D. Sustainability and tourism: reflections from a muddy pool. In: BRIGUGLIO, L.; ARCHER, B.; JAFARI, J.; Wall. G. (Eds.). *Sustainable tourism in islands and small states*: issues and policies, London: Biddles Limited, 1996. p. 69-89.

HASSAN, S. S. Determinants of market competitiveness in an environmentally sustainable tourism industry. *Journal of Tourism Research*, v. 38, p. 239-245, 2000.

HERRERA, A. (Org). *A crise da espécie*: que crise é essa? São Paulo: Brasiliense, 1984. p. 56-68.

HILLARY, R. *Small and medium-sized enterprises and the environment:* business imperatives. Sheffield: Greenleaf, 2000.

HOFFMANN, V. E.; COSTA, H. A. Competitividade sistêmica em destinos turísticos: um estudo a partir da cooperação, confiança e comunicação entre micro e pequenas empresas. In: ENCONTRO DA ANPAD, 32., 2008, Rio de Janeiro. *Anais...* Rio de Janeiro: Anpad, 2008.

HOPWOOD, B.; MELLOR, M.; O'BRIEN, G. Sustainable development: mapping different approaches. *Sustainable Development*, v. 13, n. 1, p. 38, 2005.

HOROBIN, H.; LONG, J. Sustainable tourism: the role of the small firm. *International Journal of Hospitality Management*, v. 8, n. 5, p. 15-19, 1996.

HOVINEN, G. Revisiting the destination lifecycle model. *Annals of Tourism Research*, v. 29, n. 1, p. 209-230, 2002.

HUNTER, C. Sustainable tourism as an adaptative paradigm. *Annals of Tourism Research*, v. 24, n. 4, p. 850-867, 1997.

_____. Aspects of the sustainable tourism debate from a natural resources perspective. In: HARRIS, R;. GRIFFIN, T.;WILLIAMS, P. . (Eds.). *Sustainable tourism*: a global perspective. Oxford: Butterworth-Heinemann 2002. p. 3-23.

IBGE (INSTITUTO BRASILEIRO DE GEOGRAFIA E ESTATÍSTICA). *Economia do turismo*: análise das atividades características do turismo 2003. Rio de Janeiro: IBGE, 2007.

_____. IDS – *Indicadores de desenvolvimento sustentável*: Brasil 2010. Rio de Janeiro: IBGE, 2010.

INSTITUTO VIRTUAL DE TURISMO (IVT). *Textos de referência compilados*. [s.d.]. Disponíveis em: <www.ivt-rj.net/ivt/pagina.aspx?id=282&ws=0>. Acesso em: 21 dez. 2011.

IRVING, M. A. (Org.). *Áreas protegidas e inclusão social*: construindo novos significados. Rio de Janeiro: Fundação Bio-Rio/Aquarius, 2006.

_____. Reiventando a reflexão sobre o turismo de base comunitária: inovar é possível? In: BARTHOLO, R.; SANSOLO, D.; BURSZTYN, I. (Orgs.). *Turismo de base comunitária*: diversidade de olhares e experiências brasileiras. Rio de Janeiro: Letra e Imagem, 2009. p. 108-121.

_____ et al. Simparc: desenvolvendo tecnologia social para a gestão de parques nacionais. In: ENCONTRO NACIONAL DA ANPPAS. *Anais*... Brasília, 2008.

IUCN (INTERNATIONAL UNION FOR CONSERVATION OF NATURE). *Tourism*. Documentos disponíveis em: <www.iucn.org/about/union/commissions/wcpa/wcpa_puball/wcpa_pubsubject/wcpa_tourism-pub/>. Acesso em: 5 jan. 2012.

JOHNSTON, R. J.; TYRRELL, T. J. A dynamic model of sustainable tourism. *Journal of Travel Research*, v. 44, n. 2, p. 124-134, 2005

KRIPPENDORF, J. *The holiday makers*: understanding the impact of leisure and travel, Oxford: Butterworth-Heinemann, 1987.

_____. *Sociologia do turismo*: por uma nova compreensão do lazer e das viagens. São Paulo: Aleph, 2003.

LAGE, B. H. G.; MILONE, P. C. *Economia do turismo*. São Paulo: Atlas, 2001.

LATOUCHE, S. As vantagens do decrescimento. *Le Monde Diplomatique*, nov.2003.

_____. De-growth: an electoral stake? *The International Journal of Inclusive Democracy*, v. 3, n. 1, 2007.

LEFF, E. *Aventuras da epistemologia ambiental*: da articulação das ciências ao diálogo dos saberes. Rio de Janeiro: Garamond, 2004.

LEIPER, N. The framework of tourism: towards a definition of tourism, tourist and the tourism industry. *Annals of Tourism Research*, v. 6, p.390-407, 1979.

_____. Environmental impacts and ecosystems for tourism. *Tourism Management*, TAFE Publications, Melbourne, 1995, p. 160-189.

_____. *Tourism management*. Australia- NSW: Pearson SprintPrint, 2003.

LENZI, C.L. *Sociologia ambiental:* risco e sustentabilidade na modernidade. Bauru: Edusc, 2006.

LENZIARDI, R.; MAYER, V. F.; FERREIRA, D. A. O turista se importa? A responsabilidade social e a escolha de um meio de hospedagem. In: ENCONTRO DA ANPAD, 34., 2010, Rio de Janeiro. *Anais...* Rio de Janeiro: Anpad, 2010.

LIMA/COPPE/UFRJ; MTUR. *Avaliação ambiental estratégica*: linha de base aspectos do turismo na costa norte. Rio de Janeiro, 2006. Disponível em: <www.lima.coppe.ufrj.br/files/aaeturismocostanorte/06_LB_Turismo_01.pdf>. Acesso em: 4 jan. 2012.

LIU, Z. Sustainable tourism development: a critique. *Journal of Sustainable Tourism*, v. 11, n. 6, 2003.

LOHMANN, G.; PANOSSO NETTO, A. *Teoria do turismo*: conceitos, modelos e sistemas. São Paulo: Aleph, 2008.

LORIMER, K. *Code green*: experiences of a lifetime. Melbourne: Lonely Planet, 2006.

LUNAS, J. R. D. S. *Turismo sustentável*: descrição e avaliação da gestão do turismo de Bonito (MS). Brasília, DF: UnB, 2000.

LUNDTORP, S.; WANHILL, S. The resort lifecycle theory: generating processes and estimation. *Annals of Tourism Research*, v. 28, n. 4, p. 947-964, 2001.

MACHADO, V. F. *A produção do discurso do desenvolvimento sustentável*: de Estocolmo a Rio-92. Brasília, DF: UnB, 2005.

MALDONADO, C. O turismo rural comunitário na América Latina: gênesis, características e políticas. In: BARTHOLO, R.; SANSOLO, D.; BURSZTYN, I. (Org.). *Turismo de base comunitária*: diversidade de olhares e experiências brasileiras. Rio de Janeiro: Letra e Imagem, 2009. p. 25-44.

MANNIG, E. *Coping with tourism*: governance for tourism in impacted destinations. Ottawa: The Commonwealth in the Third Millennium, 1998.

MATEUCCI, M. B. D. A. *Hóspedes de si mesmos*: um estudo socioambiental sobre a unidade de conservação Parque Estadual de Terra Ronca (GO). Brasília, DF: UnB, 2003.

MATTOS, F. F.; IRVING, M. A. Delta do Parnaíba nos rumos do ecoturismo: um olhar a partir da comunidade local. *Caderno Virtual de Turismo*, v. 3, n. 4, 2003.

MATURANA-ROMESÍN, H.; VARELA-GARCIA, F. J. *De máquinas e seres vivos*: autopoiese – a organização da vida. Porto Alegre: ArtMed, 1997.

MCCOOL, S. F., MOISEY, R. N.; NICKERSON, N. P. What should tourism sustain? The disconnect with industry perceptions of useful indicators. *Journal of Travel Research*, v. 40, p.124-131, nov. 2001.

MEADOWS, D. *Indicators and information systems for sustainable development*: a report to the Balaton Group The Sustainability Institute, Hartland: 1998.

MEDEIROS, R.; IRVING, M. A.; GARAY, I. Áreas protegidas e inclusão social: construindo novos significados. In: IRVING, M. A. (Org.). *Áreas protegidas no Brasil*: interpretando o contexto histórico para pensar a inclusão social. Rio de Janeiro: Fundação Bio-Rio/Aquarius, 2006.

_____; SILVA, H. P. da; IRVING, M. A. (Eds.). *Áreas protegidas e inclusão social*: tendências e perspectivas. Rio de Janeiro: Fundação Bio-

-Rio/Aquarius, 2009. v. 4, n. 1. Disponível em: <www.redesapis.org/Anais%20IV%20SAPIS%202009.pdf>. Acesso em: 5 jan. 2012.

MILANO, M. S. Unidades de conservação: técnica, lei e ética para a conservação da biodiversidade. In: BENJAMIM, A. H. (Org.). *Direito ambiental das áreas protegidas*: o regime jurídico das unidades de conservação. Rio de Janeiro: Forense Universitária, 2001.

MILLER, G. The development of indicators for sustainable tourism: results of a Delphi survey of tourism researchers. *Tourism Management*, v. 22, n. 4, 2001.

MOLLICONE, M. M. *Responsabilidade social empresarial*: modismo, civismo ou demanda de mercado? Salvador, BA: Universidade Federal da Bahia, 2003.

MORIN, E. *Introdução ao pensamento complexo*. Porto Alegre: Sulina, 2005.

MTUR (MINISTÉRIO DO TURISMO). *Programa de Regionalização do Turismo*: institucionalização de instâncias de governança. Brasília, DF: MTur, 2005. (Módulo operacional 3).

MUSTONEN, P. Volunteer tourism: altruism or mere tourism? *Anatolia*: an international journal of tourism and hospitality research, v. 18, n. 1, p. 97-115, 2007.

NASCIMENTO, E. P. (Org.) ; VIANNA, J. N. S. (Org.) . Dilemas e desafios do desenvolvimento sustentável no Brasil. Rio de Janeiro: Garamond, 2007. v. 1. 146p.

NASCIMENTO, E. P. D.; COSTA, H. A. *Sustainability as a new political field. Au-delà du Développment/Beyond development*, v. IV, p. 51-57, 2010.

NOBRE, M.; AMAZONAS, M. D. C. *Desenvolvimento sustentável*: a institucionalização de um conceito. Brasília, DF: Ibama, 2002.

NORDIN, S.; SVENSSON, B. The significance of governance in innovative tourism destinations. *55th AIEST Conference: Innovation in Tourism* Brainerd/Minnesota (USA) 2005.

NORGAARD, R. Valoração ambiental na busca de um futuro sustentável In: CAVALCANTI, C. O. (Org.). *Meio ambiente, desenvolvimento sustentável e políticas públicas*. São Paulo: Cortez/Fund. Joaquim Nabuco, 1999, p. 83-92 .

NSSD (NATIONAL STRATEGIES FOR SUSTAINABLE DEVELOPMENT). *A guide to key issues and methods for analysis*: a prompt for *status* reviews and dialogues. National Strategies for Sustainable Development, 2000.

OECD. OECD small and medium enterprise outlook. OCDE: Paris, 2002.

_____. *Public governance and management*. Disponível em: <http://www.oecd.org/topic>. Acesso em: dez. 2006.

_____. *Tourism in OECD countries 2008*. OECD: Paris 2008.

_____. OECD *Tourism trends & policies* 2010. Disponível em: <http://www.oecd.org/document/24/0,3746,en_2649_34389_44607576_1_1_1_1,00.html>. Acesso em: 30 abr. 2011.

OLSON, M. *A Lógica da ação coletiva*: os benefícios públicos e uma teoria dos grupos sociais. São Paulo: Edusp, 1999.

ORGANIZAÇÃO MUNDIAL DO TURISMO (OMTC). *Guia de desenvolvimento do turismo sustentável*. Porto Alegre: Bookman, 2003.

OSTROM, E. *Governing the commons*: the evolution of institutions for collective action. Cambrigde: Cambrigde University Press, 1990.

_____. How types of goods and property rights jointly affect collective action. *Journal of Theoretical Politics*, v. 15, n. 3, p. 239-270, 2003.

PAGE, S. J.; FORER, P.; LAWTON, G. R. Small business development and tourism: terra incognita? *Tourism Management*, v. 20, n. 4, p. 435-459, 1999.

PANZA, T. M.; SANSOLO, D. G. Turismo em áreas naturais protegidas e a necessidade de desenvolvimento de políticas públicas inclusivas. Estudo do núcleo Picinguaba do Parque Estadual da serra do Mar. In: SEMINÁRIO SOBRE ÁREAS PROTEGIDAS E INCLUSÃO SOCIAL. *Anais...* Rio de Janeiro, 2006.

PASKALEVA-SHAPIRA, K. *Innovative partnerships for effective governance of sustainable urban tourism*: framework approach. Karlsruhe: Institute for Technology Assessment and System Analysis, 1999.

PASQUALI, R. *Parcerias público-privadas na gestão dos serviços turísticos em parques nacionais*: possibilidades para o Parque Nacional da Chapada dos Guimarães (MT). 2006. 138 p. Dissertação (Mestrado em Turismo e Hotelaria) – Universidade do Vale do Itajaí, Balneário Camboruí, 2006.

PAVLOVICH, K. The evolution and transformation of a tourism destination network: the Waitomo caves, New Zealand. *Tourism Management*, v. 24, p. 203-216, 2003.

PEARCE, D. An intellectual history of environmental economics. *Annual Review of Energy Enviroment*, n. 27, p. 57-81, 2002.

PENA-VEGA, A. *O despertar ecológico*: Edgar Morin e a ecologia complexa. Rio de Janeiro: Garamond, 2003.

PESSOA, M. A.; RABINOVICI, A. Inserção comunitária e as atividades do turismo. In: NEIMAN, Z. ; RABINOVICI, A. (Orgs.). *Turismo e meio ambiente no Brasil*. São Paulo: Manole, 2010. p. 105-123.

PROOPS, J. et al. Realizando um mundo sustentável e o papel do sistema político na consecução de uma economia sustentável. In: CAVALCANTI, C. O. (Org.). *Meio ambiente, desenvolvimento sustentável e políticas públicas*. 2. ed. São Paulo: Cortez,1999. p. 104-112.

PUPPIM DE OLIVEIRA, J. A. de (Org.). *Pequenas empresas, arranjos produtivos locais e sustentabilidade*. Rio de Janeiro: FGV, 2009.

PUTNAM, R. D. *Comunidade e democracia*: experiência da Itália moderna. Rio de Janeiro: FGV, 2006.

PYKE, F.; SENGENBERGER, W. *Los distritos industriales y las pequenas empresas:* distritos industriales y regeneracion economica local. v. III. Ministério de Trabajo y Seguridad Social, 1993.

RAMIREZ-RANGEL, H. Avaliando o terreno: fundamentos sociais e institucionais da cooperação da pequena empresa. In: GUIMARÃES, N.; MARTIN, S. (Orgs.). *Competitividade e desenvolvimento*: atores e instituições locais. São Paulo: Senac, 2001.

RAYMOND, E. M.; HALL, C. M. The development of cross-cultural (mis) understanding through volunteer tourism. *Journal of Sustainable Tourism*, v. 16, p. 530-543, 2008.

RODRIGUES, A. M. A utopia da sociedade sustentável. *Ambiente e Sociedade*, v. 2, n. 1, p. 133-138, 1998.

RODRIGUES, C. G. D. O. *O uso do público nos parques nacionais*: a relação entre as esferas pública e privada na apropriação da biodiversidade. Tese (Doutorado) – Centro de Desenvolvimento Sustentável, Universidade de Brasília, Brasília, DF, 2009.

RUSCHMANN, D. *Turismo e planejamento sustentável*. Campinas: Papirus, 2002.

SAARINEN, J. Traditions of sustainability in tourism studies. *Annals of Tourism Research*, v. 33, n. 4, p. 1121-1140, 2006.

SACHS, I. Em busca de novas estratégias de desenvolvimento. *Estudos Avançados*, v. 9, n. 25, p. 29-63, 1995.

_____. *Caminhos para o desenvolvimento sustentável*. Rio de Janeiro: Garamond, 2000.

_____. *Inclusão social pelo trabalho*: desenvolvimento humano, trabalho decente e o futuro dos empreendedores de pequeno porte no Brasil. Rio de Janeiro: Garamond 2002

_____. *Desenvolvimento includente, sustentável, sustentado*. Rio de Janeiro: Garamond, 2004.

SAWYER, D.; LOURENÇO, J. S. Novos rumos para a pesquisa científica. *Revista Sebrae*, n.2, dez., p. 54-59, 2001.

SCHUMACHER, E. F. *O negócio é ser pequeno*. Rio de Janeiro: Zahar, 1997.

SEBRAE. *Boletim estatístico de micro e pequenas empresas*. Brasília, DF: Sebrae, 2005.

SERPA, D. A. F.; FOURNEAU, L. F. Responsabilidade social corporativa: uma investigação sobre a percepção do consumidor. *Revista de Administração Contemporânea* (RAC), v. 11, n. 3, 2007.

SHARPLEY, R. Tourism and sustainable development: exploring the theoretical divide. *Journal of Sustainable Tourism*, v. 8, n. 1, 2000.

SMITH, A.; KEMP, R.; DUFF, C. Small firms and the environment. *Journal of Tourism Research*, v. 38, p. 239-245, 2003.

SMITH, S. L. J. How big, how many? Enterprise size distributions in tourism and other industries. *Journal of Travel Research*, v. 12, p. 243-254, 2006.

SOLOW, R. *Grow theory*: an exposition. Cambrigde: Oxford University Press, 2000.

SPENCELEY, Anne. Responsible tourism: critical issues for conservation and development. London: Earthscan, 2008.

STEAR, L. *Notas resumidas sobre origens, rotas de viagens e destinos turísticos*. [s.l.]:[s.n.], 1987. Trabalho não publicado. Disponível na Escola de Lazer, Esportes e Turismo da Universidade de Tecnologia de Sydney (Austrália).

SWARBROOKE, J. *Turismo sustentável*: setor público e cenários geográficos. São Paulo: Aleph, 2000.

TAPPER, R.; COCHRANE, J. *Forging links between protected areas and the tourism sector*: how tourism can benefit conservation. Paris: Unep, 2005.

TASSO, J. P. F. *Turismo na encruzilhada*: estudo sobre os fatores de inserção socioeconômica em destinos turísticos emergentes (Barreirinhas – MA). Brasília, DF: UnB, 2010.

THEODORO, S. H. (Org.). *Mediação de conflitos socioambientais*. Rio de Janeiro: Garamond, 2005.

THOMAS, R. An introduction to the study of small tourism and hospitality firms. In: _____ (Org.). *The management of small tourism and hospitality firms*. London: Cassell, 1998. p. 1-17

_____. Small firms in tourism industry: some concepts structures. *International Journal of Tourism Research*, v. 2, p. 345-353, 2000.

_____. Tourism partnerships and small firms: power, participation and partition. *Entrepreneurship and Innovation*, v. 8, n. 1, p. 37-43, 2007.

UNEP (UNITED NATIONS ENVIREMENT PROGRAMME). *Integrating sustainability into business*: a management guide for responsible tour operations. Paris: Unep, 2005.

_____; UNWTO. *Making tourism more sustainable*: a guide for policymakers. Paris: Unep, 2006.

UNWTO. *Indicators of sustainable development for tourism destinations*. Madrid: UNWTO, 2004.

_____. *Emerging tourism markets*: the coming economic boom. Madrid: UNWTO, 2008.

_____. *Tourism highlights* 2010. Madrid: UNWTO, 2010.

_____. *UNWTO world tourism barometer* v. 8. Madrid: UNWTO, 2011.

_____. *UNWTO world tourism barometer* v. 10. Madrid: UNWTO, 2012.

_____. *International tourism to reach one billion in 201*. Madrid: UNWTO, 2012b. Disponível em: <http://media.unwto.org/en/press-release/2012-01-16/international-tourism-reach-one-billion-2012>. Acesso em: 23 jan. 2012.

URRY, J. *O olhar do turista*: lazer e viagens nas sociedades contemporâneas. São Paulo: Studio Nobel, 1999.

VALLS, J.-F. *Gestão integral de destinos turísticos sustentáveis*. Rio de Janeiro: FGV, 2006.

VAN BELLEN, H. M. *Indicadores de sustentabilidade*: uma análise comparativa. Rio de Janeiro: FGV, 2005.

VEIGA, J. E. da. *Meio ambiente e desenvolvimento*. São Paulo: Senac, 2006.

_____. *Desenvolvimento sustentável*: o desafio do século XXI. Rio de Janeiro: Garamond, 2008.

_____. Economia politica da qualidade. *RAE*, v. 50, n. 3, p. 338-344, 2010a.

_____. *Sustentabilidade*: a legitimação de um novo valor. São Paulo: Senac, 2010b.

VERA-REBOLLO, J. F.; BAIDAL, J. Measuring sustainability in a mass tourist destination: pressures, perceptions and policy responses in Torrevieja, Spain. *Journal of Sustainable Tourism*, v. 11, n. 2-3, 2003.

VINHA, V. D. As empresas e o desenvolvimento sustentável: da ecoeficiência à responsabilidade social corporativa. In: MAY, P.; LUSTOSA, M. C.; VINHA, V. D. (Orgs.). *Economia do meio ambiente*. Rio de Janeiro: Elsevier, 2003. p. 173-195.

WALL, G. Rethinking impacts of tourism. In: COOPER, C.; WANHILL, S. (Eds.). *Tourism development*: environmental and community issues, Chichester: John Wiley & Sons, 1997. p. 1-9.

WEAVER, D.B. A broad context model of destination development scenarios. *Tourism Management*, v. 21, n.3, p. 217-224, 2000.

WTTC. *Tourism Sattelite Account*. 2007. Disponível em: <www.wttc.org>.

_____. World key facts at a glance. Disponível em: <http://www.wttc.org/eng/Tourism_Research/Economic_Research/>. Acesso em: 30 abr. 2011.

YOUNG, I. Public-private sector cooperation: enhancing tourism competitiveness. *Annals of Tourism Research*, v. 29, n. 2, p. 573-74, 2002.

Livros publicados pela Coleção FGV de Bolso

(01) *A história na América Latina – ensaio de crítica historiográfica* (2009)
de Jurandir Malerba. 146p.
Série 'História'

(02) *Os Brics e a ordem global* (2009)
de Andrew Hurrell, Neil MacFarlane, Rosemary Foot e Amrita Narlikar. 168p.
Série 'Entenda o Mundo'

(03) *Brasil-Estados Unidos: desencontros e afinidades* (2009)
de Monica Hirst, com ensaio analítico de Andrew Hurrell. 244p.
Série 'Entenda o Mundo'

(04) *Gringo na laje – produção, circulação e consumo da favela turística* (2009)
de Bianca Freire-Medeiros. 164p.
Série 'Turismo'

(05) *Pensando com a sociologia* (2009)
de João Marcelo Ehlert Maia e Luiz Fernando Almeida Pereira. 132p.
Série 'Sociedade & Cultura'

(06) *Políticas culturais no Brasil: dos anos 1930 ao século XXI* (2009)
de Lia Calabre. 144p.
Série 'Sociedade & Cultura'

(07) *Política externa e poder militar no Brasil: universos paralelos* (2009)
de João Paulo Soares Alsina Júnior. 160p.
Série 'Entenda o Mundo'

(08) *A mundialização* (2009)
de Jean-Pierre Paulet. 164p.
Série 'Sociedade & Economia'

(09) *Geopolítica da África* (2009)
de Philippe Hugon. 172p.
Série 'Entenda o Mundo'

(10) *Pequena introdução à filosofia* (2009)
de Françoise Raffin. 208p.
Série 'Filosofia'

(11) *Indústria cultural – uma introdução* (2010)
de Rodrigo Duarte. 132p.
Série 'Filosofia'

(12) *Antropologia das emoções* (2010)
de Claudia Barcellos Rezende e Maria Claudia Coelho. 136p.
Série 'Sociedade & Cultura'

(13) *O desafio historiográfico* (2010)
de José Carlos Reis. 160p.
Série 'História'

(14) *O que a China quer?* (2010)
de G. John Ikenberry, Jeffrey W. Legro, Rosemary Foot e Shaun Breslin.
132p.
Série 'Entenda o Mundo'

(15) *Os índios na história do Brasil* (2010)
de Maria Regina Celestino de Almeida. 164p.
Série 'História'

(16) *O que é o Ministério Público?* (2010)
de Alzira Alves de Abreu. 124p.
Série 'Sociedade & Cultura'

(17) *Campanha permanente: o Brasil e a reforma do Conselho de Segurança das Nações Unidas* (2010)
de João Augusto Costa Vargas. 132p.
Série 'Sociedade & Cultura'

(18) *Ensino de história e consciência histórica: implicações didáticas de uma discussão contemporânea* (2011)
de Luis Fernando Cerri. 138p.
Série 'História'

(19) *Obama e as Américas* (2011)
de Abraham Lowenthal, Laurence Whitehead e Theodore Piccone. 210p.
Série 'Entenda o Mundo'

(20) *Perspectivas macroeconômicas* (2011)
de Paulo Gala. 134p.
Série 'Economia & Gestão'

(21) *A história da China Popular no século XX* (2012)
de Shu Sheng. 204p.
Série 'História'

(22) *Ditaduras contemporâneas* (2013)
de Maurício Santoro. 140p.
Série 'Entenda o Mundo'

Este livro foi impresso nas oficinas gráficas da Editora Vozes Ltda.,
Rua Frei Luís, 100 – Petrópolis, RJ,